12 REGRAS PARA A GESTÃO

12 REGRAS PARA A GESTÃO

ANDRÉ REHBEIN SATHLER GUIMARÃES

ALTA BOOKS
GRUPO EDITORIAL
Rio de Janeiro, 2024

12 Regras para a Gestão

ALTA BOOKS é uma empresa do Grupo Editorial Alta Books (Starlin Alta Editora e Consultoria LTDA).

ISBN:978-85-508-2276-1

Impresso no Brasil — 1ª Edição, 2024 — Edição revisada conforme o Acordo Ortográfico da Língua Portuguesa de 2009.

Dados Internacionais de Catalogação na Publicação (CIP)
(Câmara Brasileira do Livro, SP, Brasil)

Guimarães, André Rehbein Sathler
Doze regras para a gestão / André Rehbein Sathler Guimarães. -- 1. ed. -- Rio de Janeiro : Alta Books, 2024.

ISBN 978-85-508-2276-1

1. Administração de empresas 2. Organizações - Administração I. Título.

24-196676 CDD-658

Índices para catálogo sistemático:

1. Administração de empresas 658

Eliane de Freitas Leite - Bibliotecária - CRB 8/8415

Grupo Editorial Alta Books

Produção Editorial: Grupo Editorial Alta Books
Diretor Editorial: Anderson Vieira
Editor da Obra: J. A. Ruggeri
Vendas Governamentais: Cristiane Mutüs
Gerência Comercial: Claudio Lima

Produtora Editorial: Ana Clara Tambasco
Revisão: Camila Novaes e Thaís Cotts
Diagramação: Natalia Curupana
Capa: Marcelli Ferreira

ALTA BOOKS
GRUPO EDITORIAL

Rua Viúva Cláudio, 291 — Bairro Industrial do Jacaré
CEP: 20.970-031 — Rio de Janeiro (RJ)
Tels.: (21) 3278-8069 / 3278-8419
www.altabooks.com.br — altabooks@altabooks.com.br
Ouvidoria: ouvidoria@altabooks.com.br

Editora **afiliada à:**

ASSOCIADO

Dedico este livro a meus filhos
Nicole, Arthur e Angelo,
desejando que encontrem organizações melhores,
nas quais vão passar grande parte de seus dias.

SUMÁRIO

AGRADECIMENTOS 9

APRESENTAÇÃO 11

SOBRE O LIVRO 13

INTRODUÇÃO 15

1. Ganhar dinheiro para viver, e não viver para ganhar dinheiro 17
2. Seja um missionário, mas deixe a mente aberta 37
3. Cultive o seu jardim 56
4. A estrutura é para voar 73
5. Mantenha a alma de quando começou 89
6. Seja um soldado do processo sem ficar soldado ao processo 104
7. Meça tudo o que importa. E depois meça as suas medidas 119
8. Decida rápido e com o máximo de participação 134
9. Comunique-se! 149
10. Não crie formigueiros 160
11. Seja múltiplo e com integridade 174
12. Comporte-se como a costura do tecido social 188

PONDERAÇÕES FINAIS 205

QUADRO SINÓPTICO 209

REFERÊNCIAS BIBLIOGRÁFICAS 213

ÍNDICE 217

AGRADECIMENTOS

Agradeço aos meus colegas do Mestrado Profissional em Gestão Estratégica de Organizações do IESB (Instituto de Educação Superior de Brasília), com quem mantenho regulares trocas de ideias e discussões sobre assuntos relacionados ao tema em questão.

Aos alunos que tive nas turmas de Comportamento Organizacional e Gestão Estratégica de Pessoas ao longo dos últimos anos, e que sempre trouxeram contribuições riquíssimas e continuam me fazendo aprender todos os dias. Eles me deram um grande incentivo a tentar consolidar e registrar alguns desses aprendizados e, agora, a buscar o diálogo com uma comunidade mais ampla.

Aos meus amigos mais próximos, que estão de alguma forma ligados à academia e com quem troco inspirações e peço palpites, com destaque para Cristiano Ferri, Renato Ferreira, Ricardo de João Braga e Valdemir Pires. Também a Dorgival Henrique, que foi e é uma inspiração, pela sua insistência em trazer o elemento humano para a reflexão sobre gestão.

À minha esposa, Malena Rehbein, com quem compartilho tudo o que penso e tento sempre aproveitar seus retornos e feedbacks, que corrigem e lapidam meu pensamento.

APRESENTAÇÃO

Este livro é um pedido de socorro. Já se passou 1/5 do século XXI, e ainda não assistimos a muitas das promessas associadas à chegada do terceiro milênio. Porém não é um pedido de socorro ao estilo dos desesperados. Ainda nos restam 4/5!

O século XXI chegou cercado de esperanças. Havia uma sensação de que os principais conflitos ideológicos do mundo estavam resolvidos, a partir da queda do Muro de Berlim e do fim da Guerra Fria. Novas tecnologias, como a Internet, encantaram a todos ainda em sua fase embrionária. A mudança não foi apenas de século, mas também de milênio! Era razoável esperar que o futuro fosse melhor do que o passado. Pelo menos, melhor do que o século XX e seu sombrio legado de duas guerras mundiais.

Contudo, mais de vinte anos já se foram e o novo século não só não realizou todas as suas promessas como, pelo contrário, trouxe novos tons sombrios. O aquecimento global, o terrorismo nuclear, o declínio da democracia e a pandemia são apenas alguns aspectos negativos que mostraram suas caras neste primeiro quartel.

Resolvi escrever este livro, porque sou crente em inovação, em dinamismo, em transformação. E, sobretudo, acredito que o sistema socioeconômico pode funcionar bem e que os resultados podem ser exponencializados, para o benefício da população em geral.

Você vai encontrar nestas doze regras valores-guia para sua ação no dia a dia das organizações. Os valores-guia são suficientemente vagos para permitirem flexibilidade em sua interpretação, mas também suficientemente tangíveis para possibilitarem que você imagine a sua implementação. Usamos alguns exemplos práticos para facilitar sua compreensão, mas nossa expectativa é que você, a partir da liberdade que os valores-guia permitirem, encontre novas e inesperadas formas de aplicação. E que o cotidiano da vida nas organizações seja reflorestado por algumas dessas ideias.

SOBRE O LIVRO

Se fosse definir o gênero deste livro, diria que é um livro de ensaios. O ensaio não é um gênero acadêmico rigoroso. Antes, é uma tentativa de reunir uma coleção de materiais altamente diferenciados e aparentemente não relacionados, compondo uma narrativa significativa e coerente. A inspiração veio de Jordan Peterson, autor *best-seller* da Alta Books, que escreveu *Doze Regras para a Vida*.

O ensaio não acontece no vazio, nasce de uma trajetória de mais de duas décadas de atuação no ensino de Gestão, e em diversas disciplinas e em diversos níveis — graduação, especialização, mestrado. Nesse tempo, convivi com muitos especialistas no assunto, conheci muitos empresários e administradores, que estavam às voltas com questões reais e práticas no seu cotidiano; e também contribuí para formar muitos administradores e mestres em administração. Li muito e sigo lendo materiais dos mais diversos gêneros, inclusive, biografias de grandes empreendedores e gestores. É a partir desse "ponto de vida" que escrevo as *Doze Regras para Gestão.*

O recorte aqui é mais específico do que o de Jordan Peterson, é claro. Afinal, ele falou sobre a vida como um todo, porém também é um recorte muito amplo. A grande maioria de nós passa ou vai passar uma parte gigantesca das vidas em ambientes em que a gestão está presente: empresas, organizações governamentais, organizações da sociedade civil etc. Gestão é um conjunto complexo e interconectado de princípios e regras, que definem o funcionamento diário desses lugares aonde vamos para trabalhar juntos. Falar sobre a gestão, portanto, é falar sobre uma parte significativa da experiência de vida da humanidade na atualidade, pois ela acontece no ambiente empresarial ou organizacional.

As regras enfocam aspectos específicos do *ser* e do *fazer* das organizações e das empresas. A ideia foi ser provocativo, fazendo com que a vida nesses ambientes seja enriquecida, para que o dia a dia possa ser reinterpretado em termos mais amplos. Enfim, que as pessoas encontrem nas regras antídotos contra a burocratização do viver, a compartimentalização da experiência, a dissociação entre o *fazer* e o seu *sentido* e a rotina implacável do dia a dia.

Como forma de enriquecer as regras com conteúdos práticos e situações reais, foram escolhidas mais de cento e cinquenta citações de empreendedores, empresários, consultores e filósofos, como: Akio Morita, Alfred Sloan, Andy Grove, Antônio Ermírio de Moraes, Biz Stone, Bob Iger, Carl von Clausewitz, Clóvis Tramontina, Colin Powell, David Glass, David Packard, Dov Seidman, Frank Knight, George Merck II, Henry Ford, Jack Welch, Jeff Bezos, Jorge Paulo Lemann, Joseph Schumpeter, Julia Collins, Larry Page, Laszlo Bock, Lee Iacocca, Luiza Trajano, Nicolau Maquiavel, Masaru Ibuka, Michael Dell, Mike Lee, Milton Friedman, Miyamoto Musashi, Friedrich Nietzsche, Papa João Paulo II, Peter Drucker, Phil Knight, Ralph Larsen, Reed Hastings, Ricardo Semler, Roy Disney, Sam Walton, Steve Jobs, Thomas Davenport, Walt Disney, Howard Schutz, Hubert Joly, Rubens Ometto e Louis Gerstner.

Além disso, serão apresentadas ideias e práticas de empresas, como Sony, GM, Intel, Votorantim, Twitter, Disney, Tramontina, Walmart, HP, Johnson & Johnson, Merck, Ford, GE, Amazon, Inbev, Google, Ford, Dell, Netflix, Semco, Apple, Starbucks, Best Buy, Cosan e IBM. A ideia desse livro é permitir que você encontre pontos de apoio na realidade, visualizando como as regras podem ter rebatimentos contextuais e aplicados. Afinal, apesar de meu doutorado em Filosofia, este não é um livro filosófico.

Escrever este livro teve uma conotação altamente pessoal, pois já passei por diversas organizações e empresas. Ao escrevê-lo, lembrei-me de situações que vivi, imaginando que minha vida pudesse ter sido muito melhor se algumas destas regras tivessem sido observadas. Por isso, dedico este livro aos meus filhos, pois imagino que ele venha a ter alguma repercussão e, de algum modo, contribua para que eles ingressem em empresas e organizações transformadas em lugares melhores para se viver.

INTRODUÇÃO

Este livro não é sobre reforma de empresas. Quando se qualifica alguma coisa como se estivesse necessitando de reforma, é porque, usualmente, deseja-se que nada se mude. Pense na reforma política ou na *reforma* tributária. Ou, até mesmo, na própria reforma do Estado, já apregoada algumas vezes. Parece que somos a viva expressão da literatura — no famoso livro *O Leopardo*, Giuseppe Tomasi di Lampedusa imortalizou a seguinte frase: “Para que as coisas permaneçam iguais, é preciso que tudo mude”. Infelizmente, muitas vezes, parece que as empresas aprenderam bem demais a lição — seguem propondo reformar tudo, mas sem mudar nada.

Não é esse o nosso propósito. Deixemos Lutero descansar sossegado em seu túmulo em Wittenberg. Não há mais sentido em se pensar na reforma. No século XXI, nada mais será construído, ficará pronto e durará tanto tempo para vir a necessitar de uma reforma. Uma das características centrais da época atual é a impermanência, além de ter que lidar com novos tipos de incalculabilidades.

Como falei na apresentação, o presente texto tem caráter ensaístico. Adotei um ponto de vista heterodoxo, em oposição ao que considero consequências distópicas da excessiva burocratização nas empresas ou da obsessão com o lucro. A heterodoxia da abordagem, por sua vez, vincula-se à compreensão de que é preciso ler e entender o mundo do século XXI com novos instrumentos. Pensar o mundo deste século com instrumentos do século passado é como tentar ler poesia com um microscópio — não se ganha nada com isso.

A heterodoxia do texto também está vinculada à sua inspiração. Italo Calvino, romancista italiano, foi convidado em 1984 para proferir em 1985, uma série de conferências sobre literatura em Harvard. Ele batizou a série de *Seis propostas para o novo milênio*. Essas conferências se transformaram em livro e este livro se converteu em uma das minhas inspirações. Outra inspiração veio de Jordan Peterson, com suas duas obras — *Doze Regras para a Vida* e *Além da Ordem* —, grandes sucessos da Alta Books.

O fundamento ético da obra é a compreensão das empresas como instituições, como elementos fundamentais para a existência humana no tempo presente. O distanciamento do mundo corporativo do mundo da vida gera processos antagônicos, em que cidadãos e empresas são adversários. Como isso é possível? Afinal, na atualidade, nossa sobrevivência coletiva depende dessas corporações.

As palavras que escolhemos usar definem o mundo que se vê e o mundo que se pode ver. Quando cristalizadas em regras, as palavras passam, então, a se submeter à pancadaria de apreensões principiológicas e decifrações hermenêuticas. Então, é aqui que deixo esta obra, para apanhar com vocês, leitores. Apanhar tanto no sentido de receber suas pancadas (críticas) quanto no de recolher aquilo de bom que vocês tiverem para me devolver, como feedback do que vivenciarem quando buscarem viver as doze regras em suas organizações!

CAPÍTULO 01

GANHAR DINHEIRO PARA VIVER, E NÃO VIVER PARA GANHAR DINHEIRO

Ó lucro, que és a distorção do mundo,
Do mundo que, de si, foi bem pesado
E feito pra rolar em terra plana,
Até que o ganho, que essa tara vil,
Esse dono da estrada, o grande lucro,
O fez perder o senso da isenção,
Da direção, do curso, do objetivo.
(Shakespeare, Vida e Morte do Rei João, 2016, p. 54).

CONFUNDINDO MEIOS E FINS

Eis uma sabedoria de para-choque de caminhoneiro: "Dinheiro não traz felicidade. Dê-me o seu e seja feliz!" Brincadeiras à parte, o que vale para as pessoas vale para as empresas. Dinheiro é necessário, mas não é o mais importante. Nós respiramos para viver, mas não vivemos para respirar. A analogia para as empresas é clara: elas precisam ganhar dinheiro para existir, mas não devem existir para ganhar dinheiro. É muito fácil confundir as coisas. Uma macieira tem como propósito produzir outras macieiras, contudo, facilmente, pensamos que a macieira tem como objetivo primordial produzir maçãs. São casos clássicos de confusão entre meios e fins.

> **Phil Knight, fundador da Nike, disse em *A Marca da Vitória*[1]**: Para alguns, os negócios se resumem à busca por lucro e ponto final, mas para nós, os negócios serviam para ganhar dinheiro tanto quanto o ser humano serve para produzir sangue. Sim, o corpo humano precisa de sangue. Ele precisa fabricar plaquetas e glóbulos brancos e vermelhos, além de distribuí-los de maneira uniforme às áreas adequadas, na hora certa, sem cessar. Só que essa tarefa diária do corpo não é a nossa missão como seres humanos (KNIGHT, P. A Marca da Vitória, 2016, p. 352).

Eu li a biografia de Knight depois de ter escrito a minha primeira regra. Na verdade, estava em um momento frenético de ler biografias de empresários de sucesso, justamente, com o objetivo de enriquecer este livro com os pensamentos e as intuições daqueles que enfrentaram o leão na arena e venceram. Porém, de fato, sua frase é muito próxima àquela com que abri esta regra e, como ele escreveu seu livro bem antes, que a ele seja o mérito.

"Os negócios serviam para ganhar dinheiro tanto quanto o ser humano serve para produzir sangue." (KNIGHT, 2016). Produzimos sangue e ele é essencial para a nossa vida. Cortar os pulsos e deixar o sangue escorrer é uma forma clássica de suicídio, porém ninguém pensa em nós, humanos, como grandes bolsas de sangue ambulantes. Essa não é a "nossa missão como seres humanos". O criador da Nike entendia que os negócios serviam para algo mais. Produzir sangue era um meio para outra finalidade.

1. Tentei manter os créditos referentes às pessoas e à posição pela qual elas se tornaram mais conhecidas ou então, a que ocupavam no momento em que a citação foi registrada.

Uma parte significativa da biografia de Knight — intitulada *A Marca da Vitória* — é dedicada à sua relação conflituosa com bancos. Sua operação inicial dependia fundamentalmente de empréstimos (ele financiava os pedidos para pagá-los depois, com as vendas; evidentemente, do ponto de vista de um banqueiro, era uma operação arriscada).

Phil Knight sobre patrimônio líquido: (...) cheguei a um ponto no qual me recusava até a dizer isso em voz alta porque não era uma expressão verdadeira, mas um jargão burocrático, um eufemismo para o dinheiro duro e frio, que eu não possuía. E de propósito. Qualquer dólar que não estivesse comprometido, eu reaplicava diretamente no negócio. O que havia de tão imprudente nisso? Ter saldo de caixa parado, sem fazer nada, não fazia sentido para mim (KNIGHT, 2016, p.84).

Esse foi o desabafo de um empreendedor, que estava em uma batalha cruel para vencer e realizar o que ele mesmo chamava de uma "ideia maluca", que ele tinha concebido e colocado no papel pela primeira vez como um trabalho de graduação. A Blue Ribbon (nome original da empresa que depois viria a ser a Nike) precisava desesperadamente de dinheiro para poder continuar operando, dado o seu modelo de negócios. No entanto seu objetivo nunca foi captar dinheiro, a obsessão de Knight era com calçados. Dinheiro só fazia sentido para ele se significasse mais calçados.

ATENDENDO ÀS NECESSIDADES SOCIAIS

Vamos voltar um pouco mais ao passado e olhar para Henry Ford, um empresário revolucionário, que transformou o automóvel em um produto de massa, com impactos longevos sobre a economia e a sociedade. Ele cita:

Henry Ford, fundador da Ford Motor Company, disse em *Os princípios da prosperidade*: Caçar dinheiro não é a essência dos negócios (FORD, H. *Os princípios da prosperidade*, 1954, p.21).

A ironia salta aos olhos. "Caçar dinheiro" consegue, em duas palavras, sintetizar todo um modo de ver o mundo. Perspicaz, Ford também captou, com sua frase lapidar, que o dinheiro era necessário, somente não fazia parte da "essência" dos negócios. De fato, negócio é atividade, é ação, é um fazer específico. A essência, portanto, deve estar no "fazer".

Mesmo tendo sido o grande promotor do sistema de produção em massa, Ford não considerava que esse era o seu objetivo. Para ele, a essência era "dedicar dias e noites, às vezes anos, primeiro ao estudo de um artigo que corresponda do modo mais perfeito aos desejos e às necessidades do público e, depois, a melhor maneira de fabricá-lo" (FORD, 1954, p. 10). Ou seja, a essência estaria em um fazer específico, na produção de "um artigo que corresponda, do modo mais perfeito, aos desejos e necessidades do público". Esse artigo pode ser um carro. Ou calçados. Ou o que quer que seja.

Com clareza, Ford percebeu que, uma vez atendida a necessidade social, o lucro viria. Ele seria uma consequência automática da realização de um bom trabalho na compreensão e no atendimento das demandas da sociedade.

Henry Ford sobre lucro: Deste modo, quando a base da produção se muda do fito de lucro para o de 'serviço', o negócio estará consagrado e o lucro será imenso (FORD, 1954, p.10).

Assim, fica bem claro o entendimento de Ford que as empresas eram algo mais do que locais de compra e venda para obter lucro. As empresas são instituições, soluções duradouras que a humanidade encontra para resolver seus problemas. Quando afirma que "as empresas são o meio da coletividade prover as suas necessidades", Ford mostra claramente essa perspectiva.

Antes de existirem empresas como as que conhecemos, a principal forma de satisfação das necessidades eram as relações pessoais, individualizadas e com pessoas conhecidas, no ambiente feudal do mundo medieval. A principal produção era a oriunda da agricultura, e quem tinha poder e recursos eram os donos de terras. As pessoas trabalhavam em regime de servidão para os proprietários de terras, dedicando parte de seu tempo para cultivar as terras destes; além de entregar a eles também parte do que produziam em suas próprias terras.

A necessidade de alimentos era suprida, basicamente, pela produção agrícola. Outras necessidades, como vestuário, itens para a habitação, remédios etc., eram atendidas pela comunidade local, sob demanda e em quantidades pequenas. Quando alguém precisava de um sapato, procurava aquela pessoa na comunidade que mais tinha talento para produzir sapatos e encomendava um par. Depois de um tempo, recebia seus calçados, pagando com outros produtos — a economia acontecia principalmente na base do escambo. Cada pessoa tinha um ou dois sapatos. E só.

As relações eram pessoais, diretas e entre famílias que interagiam e se conheciam por séculos. Não havia "mercado", este grande sistema que, hoje em dia, possibilita trocas generalizadas entre pessoas desconhecidas. O senhor feudal tinha algumas obrigações éticas para com seus servos, como o de protegê-los contra invasores. Os servos tinham uma série de compromissos para com o senhor feudal, como o de atuar em seu exército. Eram relações, por assim dizer, analógicas — ditadas pela tradição e pelo costume. As obrigações não eram quitadas em moeda que, aliás, não tinha grande influência naquele mundo.

A empresa, na forma como denominamos hoje — uma pessoa jurídica, com responsabilidade limitada ou de propriedade anônima —, acabou se revelando um modo muito mais eficaz para atender às necessidades da sociedade e dar conta de uma população crescente e cada vez mais concentrada nas cidades. As pequenas, médias e grandes empresas, ao redor do mundo, criaram um nível de riqueza jamais visto e foram responsáveis por retirar milhões de pessoas da pobreza em todos os continentes. Dedicaram-se a produzir uma quantidade vastíssima de itens, dos imprescindíveis aos supérfluos, proporcionando a cada pessoa, na atualidade, um cardápio de escolhas muito mais amplo do que aquele de alguém que tenha vivido na Idade Média, por exemplo. Por conta desses pontos de "vida" (ver mais na Regra nº8 *Decida rápido e com o máximo de participação*), as empresas modernas trouxeram um progresso sensacional para a humanidade em um tempo bem curto em termos históricos — em menos de três séculos.

EMPRESAS COMO INSTITUIÇÕES

As empresas tornaram-se instituições e são uma solução estável e perene para um problema que aflige a todos. A resposta técnica e adequada para atender às transformações do sistema de necessidades sociais. Não importa a natureza de sua propriedade — privada ou estatal — as empresas têm uma função pública e devem ser onipresentes. Não importa o regime político do país (democracias, ditaduras, repúblicas, monarquias etc.) ou sua orientação econômica (capitalista, socialista, comunista etc.), lá estão as empresas como provedoras dos bens e serviços necessários.

Além de terem se tornado um elemento indispensável no sistema de satisfação das necessidades humanas, via provisão de bens e serviços, as empresas também criaram condições para que uma parcela crescente da população pudesse arcar com esses bens e serviços, ao criarem empregos remunerados. A forma como se faziam as coisas antigamente — o escambo — não seria funcional nas sociedades modernas, com toda a sua complexidade e sua vasta quantidade de bens e serviços disponíveis.

Com as empresas, consolidou-se o modelo do trabalhado assalariado, pago em moeda, que acabou se transformando na principal alternativa para a maioria absoluta da humanidade conseguir recursos que lhe permitissem acessar os bens e serviços dos quais necessitavam. Nesse campo, Henry Ford também teve uma visão revolucionária. Queria que os seus carros fossem acessíveis aos seus funcionários. Então promoveu um grande aumento geral de salário para os funcionários da Ford (o famoso US$ 5 por dia). Ele fez isso, pois compreendia que, desse modo, atenderia a uma necessidade social mais generalizada por transporte, de maneira mais rápida e eficiente.

DEVOLVENDO À COMUNIDADE

Ricardo Semler, presidente da Semco (Tecnologia em Processos LTDA): Acredito piamente que a empresa só tem razão de ser se der um retorno à comunidade. Enriquecer os acionistas é um objetivo pequeno e incompleto. Remunerá-los pelo capital investido não é objetivo suficiente (SEMLER, Ricardo. *Virando a própria mesa: uma história de sucesso empresarial*, 2002, p.33).

Retornar à comunidade. Isso porque as empresas fazem parte do sistema sociotécnico atual. Quando não estão em sintonia com o ambiente em que estão inseridas, cedo ou tarde deixam de existir. O equilíbrio necessário para que uma empresa siga existindo vem da sua capacidade de interagir com o ambiente — retirando dele o que precisa e entregando a ele o que se demanda. Perturbações nessa equação colocam a existência das empresas sob ameaça.

É interessante observar o tom das palavras de Ricardo Semler: "enriquecer os acionistas é um objetivo pequeno e incompleto" (SEMLER, 2002), como se ele dissesse "quem pensa assim é mesquinho". Enriquecer os acionistas é um objetivo mesquinho. Encontrei esse tom de repúdio à filosofia de ganhar dinheiro pelo dinheiro, vez após outra, em cada história de empreendedor de sucesso que li. Todos aqueles que se destacaram realmente, a ponto de deixarem marcas inesquecíveis na história da humanidade, manifestaram uma preocupação com algo maior.

Outro exemplo de empresário lendário, Steve Jobs compartilhou um sentimento semelhante ao de Ford.

Steve Jobs, fundador da Apple: Claro, foi ótimo ganhar dinheiro... Mas os produtos, não o lucro, eram a motivação (ISAACSON, W. *Steve Jobs: As verdadeiras lições de liderança*, 2014).

A história da Apple é bastante conhecida. Durante um tempo, Steve Jobs esteve afastado da empresa. Naquele período, houve uma decadência contínua, e o mercado chegou a apostar que a empresa iria à falência. Diante da crise, o presidente que entrou no lugar de Jobs se esqueceu do compromisso da Apple de criar grandes produtos e passou a focar em formas de ganhar dinheiro. Quando esse tipo de mentalidade se instala, tudo o mais passa a girar em torno disso — quem é contratado, quem é promovido, as pautas das reuniões etc.

Nessa hora, contudo, o lucro mostra sua face irônica: quando ele é mais buscado, aí é que ele não aparece. O lucro gosta de ser um penetra: chega à festa sem ser convidado e, como resultado, a festa fica muito mais animada! Pensar exclusivamente no lucro é uma tara vil, nas palavras de Shakespeare, ou uma obsessão — a parte fica maior do que o todo. Uma empresa deve ser muito mais abrangente (ver Regra n.º 11. *Seja múltiplo e com integridade*).

Nada mais distante do pensamento de Jobs: "minha paixão foi construir uma empresa duradoura, onde as pessoas se sentissem incentivadas a fabricar grandes produtos. Tudo o mais era secundário. Claro, foi ótimo ganhar dinheiro, porque era isso que nos permitia fazer grandes produtos. Mas os produtos, não o lucro, eram a motivação" (ISAACSON, 2014, p. 38). Quanta coisa em apenas uma declaração!

Primeiro: Jobs criou a empresa para durar. Segundo: a empresa deveria ser um lugar agradável para as pessoas, energizado, onde elas se sentissem incentivadas. E incentivadas a um propósito específico: fazer grandes produtos. Terceiro: ganhar dinheiro era necessário, um meio para que a empresa pudesse seguir perseguindo a sua finalidade. Porém ganhar dinheiro não era o principal objetivo. Para registrar um exemplo brasileiro, lembro-me de Jorge Paulo Lemann.

Jorge Paulo Lemann, criador do Banco Garantia e um dos donos da AB InBev (Anheuser-Busch InBev): Quando todos os outros estavam gastando seu tempo administrando o dinheiro, investimos nosso tempo na empresa. Desenvolvê-la seria a melhor forma de gerar riqueza em longo prazo. Administrar dinheiro, por si, nunca cria algo grande e duradouro, mas desenvolver algo grande pode levar a resultados substanciais (CORREA, Cristiane. *Sonho grande*, 2013, p. 11).

Quanta riqueza e sabedoria prática na visão de alguém que lutou e venceu na competitiva arena global! Outro exemplo brasileiro, Rubens Ometto, ressalta que o mais importante é ver as coisas acontecerem e se transformarem, bem em sintonia com a noção de *animal spirit* (espírito empreendedor) de John Maynard Keynes.

Rubens Ometto, CEO do Grupo Cosan: (...) quando faço um negócio, não me preocupo apenas com o lucro. Claro que o dinheiro é necessário, pois tenho que remunerar os acionistas, pagar os bancos. Mas o que me realiza de verdade é empreender, fazer as coisas acontecerem e se transformarem (MELLO, Rubens Ometto Silveira. *O inconformista*, 2021, p. 69).

Quem tem o objetivo de ganhar dinheiro, vai gastar seu tempo administrando dinheiro. Quem tem o objetivo da empresa, vai gastar seu tempo com o objetivo da empresa. O lucro, aquele penetra, virá como consequência. A riqueza, em longo prazo, será gerada. Quando o foco é mesquinho (administrar dinheiro), nunca se consegue chegar a algo grande e duradouro. Quando o foco é amplo, descortinam-se horizontes. O livro que conta a história de Lemann e seus sócios chama-se *Sonho Grande* (CORREA, 2013). Um ótimo título. Eu me lembro de um ditado que meu pai dizia: "sonhe com uma Ferrari e você ganhará um fusca; sonhe com um fusca e você terá uma bicicleta". Quanto maior o seu sonho, maior é aquilo que poderá alcançar.

> **Henry Ford:** Há algo de sagrado num grande negócio que provê o bem-estar de milhares de famílias (FORD, 1954, p.198).

Se as empresas são um negócio sagrado, dar continuidade à sua existência é um dever sagrado. Isso acontece quando as empresas se preocupam com a melhor organização possível do trabalho, para produzir com a máxima eficiência, de modo a atender melhor às necessidades sociais e, desse modo, garantir o equilíbrio de sua relação com o ambiente. São coisas que o dinheiro não cria, mas que criam dinheiro, quando bem-feitas.

Sam Walton, criador do Walmart, que se tornou a maior empresa varejista do mundo, é outro que compartilhava dessa visão. Defendendo a política do Walmart de "oferecer os menores preços sempre", ele afirmou que os bilhões que a sua companhia propiciava de economia aos clientes, que pagavam menos por aquilo de que precisavam, eram bilhões em contribuição que o Walmart entregava para a sociedade, indiretamente. Mais uma vez, não estamos falando de retirar do ambiente, mas sim de retornar ao ambiente. Sam Walton também compreendia que a chegada de uma loja em uma cidade representava uma melhoria na qualidade de vida daquela comunidade: "A verdade é que o Walmart tem sido uma força poderosa na melhoria do padrão de vida nas nossas áreas mais rurais e os clientes sabem disso" (WALTON, 2018, p. 212). E essa visão não é exclusivamente ocidental.

> **Akio Morita, fundador da Sony:** Acredito hoje que o principal problema gerencial na Sony America é que o lucro era o objetivo principal (...) dia e noite argumentei que poupar dinheiro, em vez de investi-lo no negócio, pode trazer lucros em curto prazo, mas na verdade o que acontece é que você está sacando do patrimônio construído lentamente (MORITA, A. *Made in Japan*, 1995, p.171).

Morita foi um empresário inovador e sempre lutou pela superação das diferenças transculturais. A Sony foi a primeira empresa japonesa a lançar ações no mercado acionário norte-americano. Entretanto a obsessão de alguns executivos americanos, bem como dos participantes de seu mercado acionário, chamou sua atenção. Ele achava que a tensão permanente provocada pelo medo de que as ações caíssem fazia com que os executivos procurassem sempre as formas mais fáceis de alcançar resultados positivos. E Morita via essa postura como bastante perigosa para a sustentabilidade das empresas em longo prazo.

Recapitulando: na sociedade moderna, as empresas tornaram-se o núcleo central da provisão de bens e serviços. Insisto, neste livro não vai encontrar nenhuma posição em favor de determinado sistema econômico. Na Coréia do Norte e na China, países comunistas, também existem empresas. Na União Soviética existiam empresas. As empresas foram a solução que a sociedade encontrou para atender às suas necessidades de bens e serviços.

Por isso, não é de se espantar que as empresas tenham se tornado protagonistas na atualidade, sendo demandadas a contribuir em vários dos grandes temas que afligem a humanidade. Há uma crise climática? As empresas precisam participar da solução. Acontece uma guerra? As empresas são instadas a assumirem uma posição e a participarem, eventualmente, de sanções aplicadas a um Estado. A Organização das Nações Unidas propõe uma lista de Objetivos para o Desenvolvimento Sustentável? As empresas devem se empenhar para que esses objetivos sejam alcançados. Espraiadas pelo planeta e alcançando proporções gigantescas, as empresas tornaram-se um poder político, ainda que não desejem reivindicar esse papel.

Agora, apesar de tudo isso que falei até aqui, por que a visão de que as empresas existem exclusivamente para gerar lucro ainda permanece tão forte? Como economista, devo fazer um *mea culpa*, pois acho que tem muito a ver com o desenvolvimento da Ciência Econômica.

A DOUTRINA DE FRIEDMAN

A Economia se organizou como ciência antes da Administração. Ao longo do século XIX, a Economia passou por um grande avanço em termos de formalização matemática, o que abrangeu a escolha de algumas hipóteses metodológicas e o desenvolvimento de modelos, a partir de algumas premissas. Uma dessas grandes premissas, adotada pela Ciência Econômica e posteriormente por outras áreas, como a Ciência Política —, é a do homem econômico (*Homo economicus*).

Esse ser humano idealizado seria racional e maximizador, ou seja, todos os seus comportamentos levariam em consideração um minucioso cálculo de custos e benefícios (racionalidade) e teriam como foco maximizar o resultado em termos daquilo que é seu interesse pessoal. Evidentemente, nós, seres humanos, não somos assim. No entanto a ideia de um modelo é justamente simplificar a realidade e possibilitar a construção de teorias que expliquem o máximo possível. Como um mapa, o modelo não é igual à realidade (território), mas deve pelo menos ajudar na sua orientação e que você consiga chegar aonde deseja.

Quase que naturalmente, a ideia do homem econômico foi transposta pelos economistas para as empresas. Até porque, para grande parte destes, as empresas são simples ficções legais, o que importa são as pessoas que integram as empresas. E essas pessoas deveriam ser homens e mulheres econômicas, racionalistas e otimizadoras. Desse ponto para a noção de que a empresa deveria simplesmente se preocupar em gerar lucro ou ganhar dinheiro, foi um pulo.

Na Universidade de Chicago, no início do século XX, Frank Knight afirmou que a forma típica de negócio na era moderna era a corporação, cuja característica mais importante era a propriedade difusa e o controle concentrado (*Risk, Uncertainty and Profit*, 2014). Ainda segundo Knight, existe apenas uma finalidade para a atividade dos negócios, que é decidida antes mesmo que o negócio seja fundado: ganhar dinheiro.

> **Frank Knight, professor da Universidade de Chicago:** Os únicos problemas com os quais nós temos alguma preocupação são todos problemas de meios. Há apenas um fim, finalmente, para a atividade dos negócios, e este já está decidido antes mesmo que o negócio seja fundado; que é, ganhar dinheiro (KNIGHT, 2014, p. 292).

Nos termos implacáveis de Knight, existir para ganhar dinheiro era um destino reservado para as empresas, antes mesmo de elas serem fundadas. Ele foi professor de Milton Friedman, que acabou se tornando mais famoso do que seu preceptor e foi um dos ganhadores do Prêmio Nobel de Economia. Friedman também se tornou professor na Universidade de Chicago e seu pensamento ganhou muita proeminência quando o *boom* da economia mundial no pós-Segunda Guerra Mundial acabou. Aquela fase de crescimento exuberante tinha sido inspirada, economicamente, pelo pensamento de John Maynard Keynes, que defendia o gasto público como fator de incentivo ao crescimento econômico. Já a escola de Chicago, com seus pupilos que ficaram famosos como *Chicago Boys*, defendia austeridade e equilíbrio nas contas públicas.

Entre os muitos assuntos dos quais tratou, Friedman dedicou parte de seu tempo à questão das empresas. Na década de 1970, estava começando a ganhar força nos Estados Unidos o movimento que advogava que as empresas deveriam ter outras preocupações para além dos lucros, no que mais tarde veio a ser o movimento de responsabilidade social corporativa. Contudo Friedman preferiu não inovar nessa área, apenas repetiu seu professor, afirmando simplesmente que o papel das empresas era ganhar dinheiro.

Milton Friedman, ganhador do Prêmio Nobel de Economia e professor da Universidade de Chicago: Há apenas uma e única responsabilidade social dos negócios – usar os seus recursos e se engajar em atividades voltadas para aumentar os seus lucros, desde que permaneça dentro das regras do jogo, que são se engajar na competição aberta e livre, sem fraude ou engano (FRIEDMAN, 1973).

Friedman defendeu seu ponto de vista em um artigo para o *New York Times*. Presunçosamente, ele próprio intitulou o artigo como "A doutrina Friedman: a responsabilidade social das empresas é aumentar os seus lucros" (FRIEDMAN, 1973). Nesse artigo, Friedman diz claramente que as empresas não tinham qualquer responsabilidade social para com o público ou para com a sociedade — a sua única e exclusiva responsabilidade era para com os seus acionistas. Por conta disso, sua posição também veio a ser conhecida como a Teoria do Acionista (*stockholder* ou *shareholder*).

Detalhando seu pensamento, Friedman explica que, para ele, em um sistema de livre-iniciativa e propriedade privada, a administração de uma empresa deveria atuar tão somente como empregada dos proprietários e em consonância com os desejos destes. O administrador atua como um agente dos donos e, nessa condição, sua responsabilidade primária era para com eles — era para eles e perante eles que o administrador prestava contas. Nesse pensamento, caso os administradores da empresa resolvessem gastar dinheiro desta em causas sociais, na prática, estariam "dando esmolas com o dinheiro alheio".

O economista insiste muito nesse ponto, afirmando que o administrador não poderia gastar o dinheiro do proprietário em qualquer outra coisa que não fosse o objetivo de gerar retorno em dinheiro (lucro) para o proprietário. Em defesa de Friedman, é importante pensar no contexto em que ele escrevia. O mundo vivia uma Guerra Fria, e a disputa entre as duas superpotências da época acabou perpassando por todas as áreas da vida. Logo, havia uma necessidade de afirmar que o capitalismo era superior ao comunismo, tanto quanto havia um medo de qualquer coisa que pudesse cheirar a comunismo. E Friedman escreve isso explicitamente em seu artigo. Para ele, qualquer tentativa de responsabilidade social corporativa seria uma abertura para o comunismo, ou mesmo para sua versão mais branda, o socialismo. Talvez por isso ele tenha tido tanta má vontade para com a questão.

A certa altura do texto, entretanto, Friedman percebe que havia um possível furo em seu argumento: e se os próprios proprietários ordenassem que fossem feitos os gastos com responsabilidade social corporativa? Pode-se criticar Friedman por muitas coisas, mas não por não ser um pensador científico rigoroso. Ele não deixaria de reconhecer uma falha em seu argumento. A essa altura do texto, ele engasga um pouco e desenvolve um argumento lateral de que o proprietário estaria, do mesmo jeito, equivocado. Segundo ele, se decidisse fazer isso, o empresário assumiria um papel que deveria ser do governo.

Michael C. Jensen e William H. Meckling, que foram alunos de Milton Friedman, desenvolveram e formalizaram o pensamento de seu tutor, em um artigo que também se tornou um clássico da administração e inaugurou a chamada *Teoria do Agente Principal* ou principal-agente (C.JENSEN & MECKLING, 1976). No artigo, eles assumem a premissa de que as empresas eram simplesmente ficções legais (pessoas jurídicas não seriam pessoas, afinal) e que funcionavam como um nexo para um conjunto de relacionamentos contratuais entre as pessoas. A consequência lógica dessa premissa é que perguntas como "qual deve ser a função objetiva da firma?" não fazem sentido. Sua discussão não levaria a lugar nenhum. Se fosse realmente assim, este livro não deveria nem existir.

Como modelo, a teoria do agente principal ajuda a compreender muitas coisas e fornece um mapa a partir do qual administradores podem se guiar para atuar nas empresas no dia a dia. Porém, como já escrito, todo modelo é uma simplificação drástica da realidade. Assim como não existe o homem econômico imaginado pelos economistas, não existe essa empresa econômica concebida por Knight, Friedman, Jensen, Meckling e tantos outros economistas.

A EMPRESA ECONÔMICA

> **Roy Disney, sobrinho de Walt Disney e membro do Conselho de Administração da Disney:** [trecho de manifesto em que fez uma crítica aberta à gestão do então CEO da Disney, Michael Eisner] (...) percepção de todos os nossos acionistas... de que a empresa é voraz, sem alma e está sempre privilegiando ganhar 'dinheiro rápido' em vez de valores de longo prazo, o que está levando a uma perda de confiança do público (IGER, R. *Onde os sonhos acontecem*, 2020, p.128).

Acho que essa reação de Roy Disney daria um nó na cabeça de Milton Friedman. Um principal, e ainda falando em nome de outros principais, critica um agente por fazer aquilo que, na visão teórica do agente/principal, deveria ser feito pelo agente — colocando, assim, a empresa para ganhar dinheiro. Muito interessante os termos em que Roy se expressa: privilegiar ganhar *dinheiro rápido* em vez de buscar manter os valores de longo prazo seria um suicídio empresarial.

No entanto não é só na economia que a visão da supremacia do lucro é forte. Alfred Sloan, o lendário executivo da General Motors (GM), considerado um dos fundadores da Administração como ciência prática e, por coincidência, rival competitivo de Henry Ford — naquelas primeiras três décadas do século XX —, era um ferrenho defensor da noção de que o principal objetivo de uma empresa era o lucro.

> **Alfred Sloan, CEO da General Motors (GM):** Presumimos que o primeiro objetivo ao se fazer um investimento de capital seja o estabelecimento de um negócio que irá pagar dividendos satisfatórios, e preservar e aumentar o valor do seu capital. Portanto, declaramos que o principal objetivo da corporação era ganhar dinheiro e não apenas fazer carros (SLOAN, A. *Meus anos com a General Motors*, 2001, p. 41).

Sloan dizia que o retorno sobre o capital deveria ser inquestionável, qualquer desvio dessa rota deveria ser corrigido. Ele até fazia concessões, como aceitar que, em alguns momentos — dadas as adversidades externas ou o nível da concorrência —, haveria a necessidade de se gastar dinheiro para se manter no páreo, o que fazia com que a taxa de retorno ficasse abaixo do esperado. Porém insistia que a taxa de retorno deveria ser o principal juiz da atividade empresarial.

Trazendo outro exemplo mais recente, Carol Dweck narra um episódio envolvendo Albert Dunlap, executivo da Scott Paper, que conseguiu reverter uma situação de prejuízo crônico com uma abordagem forte de corte de custos. Em uma reunião, uma funcionária perguntou: "Agora que a empresa está se recuperando, podemos voltar a fazer doações?". Ele respondeu: "Se você quiser dar do seu bolso, é problema seu, e eu a incentivo a fazê-lo. Mas esta empresa existe para ganhar dinheiro [...]. A resposta, em uma palavra, é não" (DWECK, 2017, p. 129).

PARA ALÉM DA EMPRESA ECONÔMICA

A *Business Roundtable* é uma associação que representa grande parte das maiores empresas dos Estados Unidos e insistiu, até 2019, que *o principal objetivo das empresas era a criação de valor para o acionista*. Em decisão histórica, naquele ano, a associação emitiu um comunicado colocando a criação de valor para os clientes, entre outras metas, em pé de igualdade com a geração de dinheiro para o acionista.

Há outros fatores envolvidos nessa obsessão com os resultados financeiros. Por exemplo, as regras de divulgação dos resultados das empresas de capital aberto e as práticas contábeis aplicadas às corporações privilegiam os dados financeiros, além de exigir pouca ou nenhuma avaliação de aspectos, como o valor do cliente. Isso foi importante para a sociedade superar o trauma da crise de 1929, quando o colapso do mercado financeiro não foi previsto, graças, em grande parte, à ausência de informações prestadas pelas empresas para os seus acionistas. Naqueles tempos, ninguém sabia muita coisa sobre o desempenho real das corporações.

E o lucro? O lucro continua vital, como a respiração é vital para o ser humano. As empresas precisam do lucro para viver, mas não vivem para ter lucro. Podemos ficar um tempo variável sem oxigênio, porém, a partir de um determinado ponto, virá a desorientação, a morte das células e, finalmente, a morte. Assim como as empresas também podem ficar períodos sem lucro. Entretanto precisam encontrar o caminho das pedras para conseguir resultados positivos em tempo, antes que venham a desaparecer.

**As empresas precisam lucrar para viver.
Mas não vivem para lucrar
(SATHLER, A. 2022).**

Essa visão complementar é importante, para mostrar que não se tratam de duas visões antagônicas e excludentes: os que defendem o lucro (*shareholders*) e os que defendem a responsabilidade social (*stakeholders*). Na verdade, as duas visões se unificam a partir da máxima: as empresas precisam de lucro para viver (defesa do ponto de vista do acionista), mas não vivem para ter lucro (defesa do ponto de vista da comunidade).

Como já argumentei, as empresas cumprem uma função pública na sociedade atual: realizar a provisão dos bens e serviços necessários. No fim das contas, todo *shareholder* é também um *stakeholder* (mas nem sempre um *stockholder*). Henry Ford, que já apresentamos como alguém que dizia que o lucro não era o objetivo principal, tinha certeza de que, ainda assim, era um elemento vital.

Henry Ford, sobre lucro: Nenhuma espécie de mercadoria ou qualidade de serviço social pode remediar o erro econômico de vender com prejuízo. O lucro é essencial à vitalidade do negócio (FORD, 1954, p. 242).

Entretanto, há um cuidado a ser tomado e que, curiosamente, dialoga com a teoria do agente principal. Quando se considera que o lucro é uma condição da existência da empresa, porém não mais o seu objetivo essencial, ele pode passar a ser considerado apenas como mais um encargo. Nessa perspectiva, as ações seriam mais uma obrigação, assim como os impostos, os juros sobre a dívida etc. Logo, o corpo administrativo (agentes), diante desse novo quadro, pode vislumbrar o crescimento da empresa como um novo lucro: crescer por crescer passa a ser o objetivo principal. Isso porque é através do crescimento que os agentes conseguem ampliar suas vantagens materiais e o seu poder. Ou seja, acontece o conflito agente-principal, manifestando-se com uma nova roupagem.

Tanto quanto a obsessão pelo lucro, a obsessão pelo crescimento não é positiva e tem efeitos deletérios em longo prazo. O crescimento a qualquer preço implica uma relação de desequilíbrio com o ambiente: a empresa retira dele muito mais do que devolve. É impossível ter empatia para com uma entidade que mantenha relações tão primitivas com o seu ambiente.

Já caminho para concluir o que penso sobre a primeira regra. As empresas devem buscar uma adequada compreensão de seu papel no mundo e na história. Isso propicia que fujam de atitudes predatórias, seja em busca do máximo de lucro, seja em busca do máximo crescimento. Essa compreensão passa pela noção de que as empresas são protagonistas fundamentais e agentes de transformação social na atualidade. Por isso, devem operar em equilíbrio — ganhando valor a partir do que extraem do ambiente e devolvendo o valor para os elementos do ambiente —atendendo a todas as partes interessadas (*stakeholders*).

As empresas devem ter consciência de seu propósito, que é a via pela qual elas dialogam com o bem maior, com a última finalidade. O dinheiro é o meio. Inclusive, sua função mais básica, reconhecida pela Economia, é a de meio de troca. O dinheiro também é usado como reserva de valor, mas mesmo nessa condição, ele é reservado para ser utilizado em alguma coisa — isto é, um meio, e não um fim.

Por isso, acho interessante olharmos para um exemplo que atravessa gerações de uma família de empreendedores brasileiros.

> **Antônio Ermírio (avô de Antônio Ermírio de Moraes), no livro *Antônio Ermírio de Moraes: memórias de um diário confidencial:*** Nossa missão de empresário é, em primeiro lugar, desenvolver o país. Mas a meta social do Grupo Votorantim está sempre presente. O lucro é usado para criar novas tecnologias e novos empregos (PASTORE, 2013, p. 141).

Quando o fundador do Grupo Votorantim afirma que a sua missão mais importante é desenvolver o país, ele está claramente compreendendo que sua empresa foi criada com base em uma necessidade social. O lucro é importante? Sim. Ele é necessário para que a empresa siga tendo condições de criar novas tecnologias e gerar novos empregos. Contudo o que deve estar sempre em mente de todos, principalmente dos donos, é a meta social da empresa.

> **José Ermírio de Moraes (pai de Antônio Ermírio de Moraes):** Sempre baseei nossos ramos industriais nas matérias-primas nacionais, não somente por serem necessárias ao desenvolvimento do país, como também para o funcionamento das indústrias. Tendo em vista os principais setores da produção nacional, procurei colocar nosso Grupo dentro do que havia de melhor para a organização, ficando assim traçado nosso destino (PASTORE, 2013, p. 139).

Se o propósito do Grupo Votorantim é sobre desenvolver o país, é natural a visão de que a empresa deva ser baseada em algo fundamental para o desenvolvimento do país, como as matérias-primas nacionais. É interessante destacar também como José Ermírio conclui seu pensamento: "ficando assim traçado nosso destino" (PASTORE, 2013, p.139). As empresas têm um destino. Então, elas têm como escapar dele?

Antônio Ermírio de Moraes: A riqueza do Grupo Votorantim está nas suas fábricas e na capacidade de gerar empregos e impostos (PASTORE, 2013, p. 92).

Procuro induzir na nova geração que a riqueza externa não interessa. O que importa é a função social (PASTORE, 2013, p. 62).

Gerar empregos e pagar impostos são duas propostas que contribuem para o desenvolvimento do país. O pensamento do avô sobreviveu no filho e no neto. E, principalmente, na empresa. Antônio Ermírio ecoa aquela tradição de empresários que deixam o lucro em segundo plano: riqueza externa não interessa. O que importa é a função social. Conversa da boca para fora? Nas bocas de três gerações diferentes?

Mais fácil entender que o propósito unificou o pensamento e o comportamento de três gerações sucessivas.

Deixo o julgamento a seu critério. Ressalvo, contudo, que diversos observadores do Grupo Votorantim registram que fazia parte da filosofia da empresa a noção de que precisavam ajudar na melhoria das condições de educação, saúde e bem-estar da população. Além de pagarem impostos.

Bom, como comecei a falar sobre esta regra conversando com Phil Knight, é hora de trazê-lo novamente para essa conversa.

Phil Knight: Várias vezes, nos primeiros meses de 1976, reuni-me com Hayes, Woodell e Strasser e, comendo sanduíches e bebendo refrigerantes, discutimos os objetivos primordiais. A questão de ganhar e perder. Dinheiro não era o nosso objetivo, concordamos. Dinheiro não era a nossa meta. Mas, qualquer que fosse o nosso sonho ou finalidade, o dinheiro era o único meio de chegar lá. Mais dinheiro do que tínhamos em mãos (KNIGHT, 2016, p. 281).

Boa síntese de Knight. O dinheiro não era o sonho, nem mesmo o objetivo. Era o meio.

Quando você ouve uma pessoa falar que está indo trabalhar apenas para garantir o seu salário, você sabe que há algo errado com aquele emprego. Os pesquisadores de gestão de pessoas sabem há décadas que a motivação pelo dinheiro é insuficiente. Na verdade, ter o salário em dia está na base da *Pirâmide de Maslow*, ou seja, o primeiro nível de realização das necessidades humanas. Outro teórico da motivação, Frederick Herzberg classificou o salário como um fator higiênico, algo necessário para a sobrevivência, e só. Ao longo das últimas décadas, assistiu-se uma corrida na busca pelo Santo Graal da motivação humana. Sabe-se que esta pode realizar milagres, mas ainda não se encontrou esse cálice em lugar algum.

O que acontece com as pessoas pode ser facilmente transposto para as empresas. Afinal, a alma das empresas vem das almas das pessoas que a integram. Quando ouvir falar que uma empresa existe somente para ganhar dinheiro, desconfie.

Um gênio da imaginação e fundador de uma das maiores e mais bem-sucedidas empresas da atualidade, Walt Disney, sabia bem disso.

Houve um tempo em que a Disney pareceu ter perdido seu ímpeto inicial, e Walt andava muito afetado por essa realidade: "Na verdade, o estúdio que uma vez existira para fazer filmes, agora fazia filmes para continuar a existir. Para Walt, que entendia exatamente o que estava acontecendo, era deprimente" (GABLER, 2016, p. 457). Ganhar dinheiro para viver, e não viver para ganhar dinheiro.

REGRA Nº 1. VIDA REAL

A Nike, nos seus primórdios, enfrentou desafios imensos, envolvendo a gestão do fluxo de caixa. Pagava os seus fornecedores antes de receber de seus consumidores, um clássico em termos de erro na gestão do caixa. Porém seu fundador tinha uma obsessão em alcançar as melhores soluções em termos de calçados esportivos. Para ele, os problemas com o caixa eram apenas um estorvo. Entretanto quase que esses problemas acarretaram o fim da empresa, quando houve a possibilidade real de corte dos financiamentos dos quais ela dependia para sobreviver. No fim, o foco da Nike em oferecer soluções e atender às necessidades sociais acabou prevalecendo. A lição que se pode extrair da experiência da Nike é que o lucro é um resultado importante, mas não deve ser o objetivo exclusivo.

CAPÍTULO 02

SEJA UM MISSIONÁRIO, MAS DEIXE A MENTE ABERTA

MISSÃO E PROPÓSITO

A missão expressa a conexão da empresa com o seu propósito, pois uma empresa começa com um fazer específico. Nas origens etimológicas de "empreender" está a noção de *agarrar com as mãos:* o empreendedor é alguém que agarra uma oportunidade e faz algo. Como algo que atenda a uma necessidade social. Também, normalmente, algo com que ele é obcecado.

Ser obcecado é tomar a parte pelo todo, dar uma importância desproporcional a alguma coisa em particular. Assim, o já citado Phil Knight foi visitar um templo grego e só conseguiu prestar atenção às sandálias nos pés de uma maravilhosa escultura de Atenas. Nas suas palavras, houve um tempo em que ele simplesmente "só conseguia olhar para os pés de todo mundo". Sam Walton, fundador do Walmart, viajava para acampar com seus filhos e parava em todas as lojas que encontrava pelo caminho. No Brasil, chegou a ser detido em uma loja do Carrefour, onde fotografava tudo o que via. Virou piada na família. Walt Disney saía para relaxar e ia de cinema em cinema atrás de filmes de animação, deixando a esposa esperando no carro. Antônio Ermírio de Moraes cancelou sua lua de mel para cuidar de uma nova fábrica. Todos eram obcecados.

> **Luiza Trajano, fundadora do Magazine Luiza:** O sonho de todo empreendedor, quando inicia seus negócios com dificuldade, é sempre prosperar, gerar empregos e envolver a família no trabalho (TRAMONTINA, 2022).

O ato de fazer possui os empreendedores. São envolvidos em uma espécie de transe: os psicólogos chamam de "fluxo", um estado alterado de consciência. Trabalham quarenta e oito horas sem parar e não reparam. Subornam um empregado de que precisem para que cancele seu casamento — situação que aconteceu de fato, narrada na biografia de Walt Disney, *Walt Disney: O triunfo da imaginação americana*, escrita por Neal Gabler, em 2006. Ou seja, fazem coisas que soam inconcebíveis, porque seu senso de missão é tão forte que não enxergam limites.

A possessão do empreendedor contagia as pessoas mais próximas. Naqueles momentos iniciais de uma empresa, a energia existente entre as pessoas é tão intensa, a obsessão com o *fazer* é tão presente, que nada mais importa. As histórias sobre as interações entre esse grupo inicial acabam se tornando lendárias, viram mitos e entram para sempre na cultura corporativa.

> **Phil Knight:** Voltei para Portland, abismado diante do meu sucesso com as vendas. Eu tinha sido incapaz de vender enciclopédias, desprezando o trabalho do fundo do coração. Conseguira me sair um pouco melhor vendendo fundos de investimento, mas me sentia morto por dentro. Então, por que vender tênis era tão diferente? Porque, percebi, não era uma venda. Eu acreditava na corrida. Acreditava que, se as pessoas saíssem e corressem alguns quilômetros por dia, o mundo seria um lugar melhor, e acreditava que aqueles tênis eram os melhores para se fazer isso (...) Acreditar é irresistível (KNIGHT, 2016, p. 61).

Quando olhamos para a narrativa em primeira pessoa do *Momento Eureca* de Phil Knight, salta aos olhos a vibração genuína que sentiu e como isso passou a defini-lo íntima e intrinsecamente. "Acreditar se tornou irresistível", aquela confiança o possuiu de uma vez por todas e, a partir daquele momento, ele passou a entender que deveria fazer algo e agarrar aquela oportunidade com as mãos, para que o mundo viesse a ser um lugar melhor.

A missão é algo no que os empreendedores se concentram reverentemente durante todo o tempo. Seus sentidos ficam alertas, captando qualquer sinal que esteja relacionado a seu *fazer*, por mais tênue que seja.

Narrativa sobre a primeira empresa de Walt Disney: A Laugh-O-Gram se tornaria uma espécie de fraternidade – neste caso, uma com a qual jovens livres e felizes, ansiosos para aprender animação, podiam colaborar. Seria um local de trabalho, mas também de diversão, um lugar em que o senso de comunidade seria quase tão importante quanto as animações, e um lugar onde as exigências da vida adulta podiam ser mantidas à distância (GABLER, 2016, p. 84).

Naqueles primeiros dias como empresário, Disney queria fazer o que gostava, junto das pessoas de quem gostava e que também gostavam do que ele gostava. Era uma fraternidade, um lugar de encontro de irmãos, ainda que afetivos. O sentimento com o qual o trabalho era realizado era tão importante quanto o próprio trabalho. Portanto, o que conectava aquelas pessoas estava muito distante de ser um mero vínculo empregatício.

David Packard, fundador da Hewlett-Packard: (8 de março de 1960) Em outras palavras, por que estamos aqui? Imagino que muitas pessoas suponham, de forma equivocada, que uma empresa existe simplesmente para ganhar dinheiro. Apesar de esse ser um resultado importante para uma empresa, temos que ir mais fundo e descobrir quais são os verdadeiros motivos para estarmos aqui. Ao investigar isso, inevitavelmente, concluiremos que um grupo de pessoas se une e passa a existir como corpo empresarial a fim de atingir alguma meta comum, que não conseguiria fazer de forma isolada – essas pessoas fazem uma contribuição para a sociedade mais ampla, uma ideia que parece clichê, mas é vital... Nosso propósito maior é oferecer algo singular, que contribua de alguma maneira para a sociedade (COLLINS, 2020, p. 55).

Ser um missionário é se enxergar como membro de um grupo fraterno que busca uma meta comum, que dificilmente seria atingida de forma isolada. Essa meta é diretamente relacionada a uma necessidade social, uma contribuição mais ampla. Ser um missionário é ter percepção da centralidade das empresas como uma solução alcançada pela humanidade, para a satisfação das suas mais diversas demandas.

A MISSÃO COMO CONEXÃO ENTRE OS INDIVÍDUOS E A EMPRESA

Geralmente, pessoas que participaram dos momentos iniciais de uma empresa missionária sentem-se xingadas quando você chama a relação deles de um vínculo empregatício. Para eles, o trabalho não é um fardo, um compromisso mercantil, muito menos uma relação em que alguém cede seu tempo em troca de dinheiro. O trabalho, o *fazer*, é algo que agrega as pessoas, faz delas uma comunidade. Como já falamos na *Regra nº 1 – Ganhar dinheiro para viver, e não viver para ganhar dinheiro*, a preocupação aqui passa longe de ganhar dinheiro. É a missão que conecta as pessoas ao propósito.

Quando os estúdios Disney começaram a crescer muito e foram se afastando daquele sentimento original, Walt ficou deprimido. Seu biógrafo registrou o momento: "Na verdade, o estúdio que uma vez existira para fazer filmes, agora fazia filmes para continuar a existir. Para Walt, que entendia exatamente o que estava acontecendo, era deprimente" (GABLER, 2016, p. 457). Ele queria sentir de novo aquele sentimento original. Entretanto só foi encontrá-lo quando, em uma reorganização do grupo, criou-se uma nova empresa, inicialmente focada na criação dos parques. Nesse momento, Walt voltou a ter total autonomia.

Em um ponto de sua biografia sobre a Nike, Phil Knight narra que se angustiava com a sensação de que o nosso tempo na Terra é muito breve, fazendo com que desejasse que essa efemeridade significasse alguma coisa. Que o seu tempo, a sua vida, tivesse um propósito. De uma forma impressionante, podemos perceber como, naquele instante, estavam completamente fundidos os interesses da pessoa e os interesses da empresa. Knight registrou ainda: "Nunca são apenas negócios. Nunca serão. Caso um dia se tornem apenas negócios, significa que o negócio vai muito mal" (KNIGHT , 2016, p. 367).

A existência de uma missão clara facilita a união entre os indivíduos e a empresa. A missão funciona como a criação, ainda que artificial, de um sentimento de que se trabalha por uma causa. Muito diferente de trabalhar para um patrão. A administração científica, nos seus primórdios, buscou outra forma de solução para esse problema que era, basicamente, não depender disso. A tarefa seria tão simplificada que qualquer um poderia fazê-la — os trabalhadores seriam plenamente substituíveis e, portanto, descartáveis. Ou seja, preocupações com qualquer união seriam desnecessárias.

Trabalhar por uma causa é muito diferente de trabalhar para um patrão (SATHLER, 2022).

Mas os seres humanos não são formigas (ver Regra nº 10 – *Não crie formigueiros*). Desde o Iluminismo, não é possível ignorar a dimensão da dignidade intrínseca de todo ser humano. Além dessa esfera, que deve ser respeitada de modo absoluto, há que se levar em consideração os interesses individuais e a sua legitimidade. As pessoas abrem mão de persegui-los durante algumas horas do dia, em troca de um pagamento em moeda, pelo menos é o que assumia a escola da administração científica. Mas o modelo não resistiu ao teste do tempo — a riqueza inerente a este ser único que somos *nós* não pode se resumir a uma troca tão pequena: pois mesmo o pior de todos os arquitetos é melhor do que a melhor das abelhas.

MISSÃO COMO CONCEITO DO NEGÓCIO

O empreendedor, o fundador da empresa, tem uma ideia forte e clara sobre o que quer e sobre o ramo de negócio no qual ingressou. Pode-se dizer que nele a missão é viva: a missão está viva no fundador e no seu grupo inicial.

Sam Walton: Tínhamos um conceito de varejo no qual acreditávamos, o que constitui a essência de uma equipe de administração profissional (WALTON, 2018, p. 81).

Alfred Sloan: Toda empresa necessita de um conceito de sua indústria (SLOAN, 2001, p. 50).

Henry Ford: Uma boa ideia pode ser o núcleo central dum negócio (FORD, 1954, p. 66).

A convicção do fundador sobre a ideia inicial é poderosa o suficiente para arrastar consigo outras pessoas. Um diretor de uma das primeiras lojas do Walmart, Charlie Cate, relembrando os tempos iniciais daquela empresa, disse: "O Sr. Walton... Queria descontos reais. Disse: "Queremos descontos em tudo o que vendemos". Numa época em que as outras cadeias à nossa volta não faziam ofertas, ele dizia: "Anunciamos que vendemos por menos e vamos vender!"" (WALTON, 2018, p. 42). O fundador imprime sua personalidade no *fazer* específico da organização.

As razões mais profundas para a existência da empresa vêm dele, aquilo que sempre vai definir o horizonte a ser perseguido a cada manhã.

Quando isso acontece, é algo muito forte. Pessoas que vivem essa experiência ficam para sempre impactadas por ela. Mesmo depois de abandonarem o barco, de se descomissionarem, aquela missão fica marcada. Para o bem e para o mal, você se torna um veterano, carregando as cicatrizes da experiência e ficando sujeito ao estresse pós-traumático. As histórias empresariais também estão repletas de exemplos assim, de pessoas que saem de uma determinada experiência empresarial intensa, mas nunca a esquecem. E levam os elementos dela para onde e por onde forem.

Ao esclarecer o conceito do negócio, a missão exerce um papel orientador das condutas, não coercitivo — é um *soft power*[2], traduzindo, um poder suave, assim chamado por se basear na habilidade de persuasão e convencimento, e não simplesmente na força bruta ou na autoridade inquestionável. Quando há clareza sobre a missão, não há necessidade de tantos regulamentos e tantos níveis de supervisão, como acontece usualmente nas hierarquias verticalizadas prescritas pela escola de administração científica.

A existência de um instrumento de coordenação persuasiva é um passo importante para que as empresas possam arriscar mudanças estruturais, com a finalidade de desburocratizar e flexibilizar (ver Regra nº 4 – *A estrutura é para voar*). Conseguir isso é uma forma potente de reconciliar iniciativa individual com objetivos empresariais.

MISSIONÁRIOS COMPARTILHAM DESTINOS

> **Akio Morita, fundador da Sony:** As companhias de maior sucesso no Japão são justamente aquelas que souberam criar uma espécie de destino comum entre todos os seus empregados (MORITA, 1995, p. 143).

Akio Morita captou bem a mensagem: a missão é um destino comum. No seio do grupo, cria-se uma solidariedade diferenciada, forma-se um jeito específico de ver e viver. Não deixa de ser uma experiência estética, uma existência emocional comum. Há uma ordem subjacente ao *fazer*, mas ela é espontânea e flexível, e

2. Aproprio-me, aqui, do conceito de Joseph Nye, inicialmente imaginado para o cenário das relações internacionais.

conduz as pessoas de forma não coerciva. As pessoas aderem a esta ordem sem sequer perceber que ela existe. E assim as coisas acontecem.

Quando o tempo passa e a empresa cresce, esse sentimento pode se perder ou ficar adormecido. Quando o fundador se afasta, por exemplo, a conexão com aquela energia primordial fica esmaecida. Foi por isso que Peter Drucker, na década de 1970, começou a falar em missão e em "redescobrir a missão", ou seja, em recuperar aquele sentimento perdido. Jim Collins, na introdução de seu *best-seller Feitas para Durar,* comenta: "Por que diabos você se contentaria em fazer algo medíocre, apenas para ganhar dinheiro, quando pode fazer algo notável, que também produza uma contribuição duradoura?" (COLLINS, 2020, p. xvi). Quando se trata de compartilhar um destino, ninguém quer escolher um destino medíocre.

Masaru Ibuka, fundador da Sony: Criar um local de trabalho em que os engenheiros possam sentir a alegria da inovação tecnológica, estejam conscientes da sua missão perante a sociedade e trabalhem felizes (COLLINS, 2020, p. 49).

Missionários sentem uma espécie de legitimidade ao participarem de algo. Os sistemas políticos de governo já perceberam essa dimensão há bastante tempo. As fórmulas do *direito divino dos reis* e da *soberania popular* são voltadas para produzir legitimidade para os governantes de plantão. Em si, é uma ideia muito utópica ou mesmo mitológica. São narrativas que não representam, de fato, o que acontece no mundo — afinal, convenhamos, não faz o menor sentido pensar em uma pessoa com direito de reinar por conta de uma indicação de Deus. No entanto essas fórmulas exercem um importante papel de coordenação da atividade humana.

O pensador israelense Yuval Harari gosta de realçar essa dimensão. Em seu livro *Sapiens — Uma Breve História da Humanidade*, ele afirma que a humanidade somente conseguiu alcançar uma cooperação flexível em escalas gigantescas (cidades com dezenas de milhares de habitantes e impérios com centenas de milhões) por conta do papel de coordenação exercido pelos mitos. Quando as pessoas têm as mesmas crenças, sentem que compartilham destinos e cooperam de maneira mais eficaz.

MISSÃO COMO VOCAÇÃO RELIGIOSA

O termo é excelente, inclusive, pela sua conotação religiosa (*religare* ou também *relegere*): a missão reconecta a empresa ao seu dever-ser, ao seu propósito, às necessidades sociais que ela satisfaz.

> **Clóvis Tramontina, presidente da Tramontina:** Se alguém brinca que a Tramontina parece uma religião, Clovis responde de pronto: "' e qual é o problema? É como uma religião. Porque os colaboradores não saem da Tramontina. Porque existe uma sensação de pertencimento. Há uns que sonham com a empresa, outros que vêm me dar testemunho de que a Tramontina é a vida deles. Não admitem ir para a concorrência, porque consideram uma traição" (TRAMONTINA, 2022, p. 119).

A missão deve ser respeitada, não reverenciada. Os maiores opositores de Cristo foram os fariseus e os saduceus, os religiosos legalistas de sua época, que reverenciavam a lei e insistiam no seu cumprimento minucioso, a ponto de distorcer o princípio original da lei. A questão do sábado é um bom exemplo. Na lei mosaica, foi concebido para propiciar um necessário descanso obrigatório aos trabalhadores, assim, o sábado tornou-se, na boca dos fariseus, objeto de tantas regras a serem observadas e, no fim, virou um fardo. Cansava mais ter que seguir todas as regras do que simplesmente ter mais um dia regular de trabalho: uma violação clara do princípio original. Em um belo momento dos Evangelhos, Cristo apanha espigas de milho no sábado e lembra que o dia sagrado havia sido definido em função das pessoas, e não as pessoas em função do sábado.

Hipócritas! Só no Evangelho de Mateus, Cristo acusa os fariseus de hipócritas quinze vezes. A adesão irrefletida a uma ideia é dogmatismo, e ser dogmático é ser inflexível. O resultado inevitável do dogmatismo é a hipocrisia: afirmar com palavras e negar com atos ou se importar mais com a manutenção das aparências do que tudo. Aqui chego ao cerne da regra: é importante ter uma missão, mas igualmente importante é manter a mente aberta — a missão não deve se transformar em um dogma. As empresas precisam de flexibilidade para explorar possibilidades. Um mundo altamente competitivo e em rápida mudança é incompatível com a inflexibilidade.

Quando a missão vira dogma, ela pode levar a coisas terríveis, como foi o caso da Inquisição, promovida pela Igreja Católica Apostólica Romana. Nos modernos tribunais inquisitórios empresariais, são perseguidos funcionários que não demonstrem 100% de aculturamento e congruência. O dogma é tão somente um objeto de crença — quando isso acontece, perde-se o valor dinâmico produzido pela sensação do sagrado e cai-se na idolatria (adorar algo que não deve ser adorado, de maneira cega). Parte desse fenômeno parece ter estado presente em momentos históricos de grandes "fracassos" organizacionais, como o já notório momento em que a Kodak deixou de aproveitar suas próprias competências para ingressar, de forma dominante, no mundo da fotografia digital. Para a Kodak, o filme era objeto de idolatria.

A Starbucks criou uma "equipe de Análise da Missão" (SCHULTZ, 2019, p. 135), assim, qualquer funcionário poderia, a qualquer momento, enviar um cartão reportando decisões ou acontecimentos que consideravam que não estava de acordo com a missão da empresa. Todos os cartões deveriam ser respondidos em até duas semanas. Com uma medida tão aberta e ousada, a Starbucks buscava evitar os riscos gêmeos do dogmatismo e da hipocrisia.

MISSÃO COMO UMA DECLARAÇÃO

Peter Drucker fala em redescobrir a missão, não em inventá-la. Quando a elaboração de declarações de missão virou uma febre entre as empresas, como acontece com muitos modismos de gestão, houve várias consultorias produzindo e entregando lindas declarações, com textos cuidadosamente trabalhados, para sua clientela; platitudes que serviram para pouca coisa, além da confecção de milhares de cartazes e placas que foram espalhados por fábricas e escritórios mundo a fora.

A redação de declarações de missão e o que elas representavam em termos da amplitude do fazer da empresa acabou gerando um trabalho muito interessante, do economista Theodore Levitt, chamado a *Miopia no Marketing*. Nesse famoso artigo, ele argumentou que as empresas definiam seus negócios (a amplitude do seu *fazer*) de modo muito restrito. Mudanças nas definições poderiam levar as empresas a outros patamares de crescimento. O trabalho de Levitt foi muito influente e deu vazão à outra rodada de elaboradas declarações sobre missão, com um foco mais amplo. No final, elas ficaram tão amplas que já não definiam nada. Veio, então, *A miopia da miopia no marketing*, de Henry Mintzberg.

Trata-se de uma crítica à proposta de Levitt, justamente por aquilo que ela produziu de platitudes recheadas de impossibilidades. Mintzberg e seus colegas

(MINTZBERG, AHLSTRAND & LAMPEL, 2000) apresentaram vários exemplos: fabricantes de rolamentos de esferas que se definiram como redução de atrito; processadores de frango que passaram a estar na área de provimento de energia humana; coleta de lixo que virou embelezamento etc. Seu ponto era questionar os exageros e as situações em que a versão mais ampla (e ambiciosa) da declaração de missão era, já que era claramente impossível. Ou seja, não havia qualquer correspondência entre as capacidades e competências da empresa e aquilo que ela poderia realizar. Miopia é uma dificuldade de enxergar à distância. Levitt queria curá-la, porém acabou produzindo hipermetropia: incapacidade de enxergar o que está perto, isto é, as próprias capacidades e competências da empresa.

O fato é que modismos, adotados apenas por serem modismos, acabam mesmo não pegando. Viram febre, entram para o jargão, de repente todo mundo está falando daquilo, até que o tempo passa e vem uma nova onda. Porém o que ficou foi: a forma como as empresas definem a amplitude de seu *fazer* afeta, sim, a si próprias. É importante que exista uma reflexão sobre isso. Como aquela feita por Alfred Sloan, o lendário CEO da General Motors (GM) nos primórdios do século XX. Para ele, a GM tinha como missão *cortar metal e adicionar valor a ele.* Ao entender a missão dessa forma, fica fácil compreender porque a GM entrou no negócio de ferrovias e de aviação.

> **Alfred Sloan:** A General Motors é uma organização de engenharia. Nossa operação é cortar metal e adicionar valor a ele (SLOAN, 2001, p. 208).

Para fugirmos dos modismos mais recentes, vamos trazer outro exemplo do passado.

> **Alfred Sloan:** Entramos em aviação, porque achávamos que os aviões pequenos seriam concorrentes importantes dos automóveis (SLOAN, 2001, p. 292).
>
> **Henry Ford:** Agregamos às nossas indústrias a do aeroplano, visto que somos fabricantes de motores e toda a espécie de transporte nos interessa (FORD, 1954, p. 344).

Apesar da diferença de pensamento entre Sloan e Ford em muitos pontos, ambos entendiam que o automóvel era uma transformação no transporte individual mecanizado. Essa compreensão fez com que eles olhassem para o avião como um possível "produto substituto", para lembrarmos a ideia do economista Michael Porter. Se você assistir o filme *Metrópolis* — de Fritz Lang, de 1927 —, verá que não era algo assim tão descabido, já que no filme aparecem pequenos aviões individuais em um ambiente urbano, funcionando como carros voadores.

Curioso que, passado um século, as empresas que estão liderando a corrida pelo carro voador sejam do setor aéreo. Pode ser que as fabricantes de automóveis deixaram de se interessar. Ou talvez, pensando nos termos que proponho a questão desta regra, as fabricantes de automóveis entenderam que pensar em carros voadores estivesse fora de sua missão.

Philip Kotler, o grande pensador do Marketing, apresenta algumas questões que ajudam a esclarecer esse ponto. Ele afirma que:

> (...) o comprador de uma furadeira está, na verdade, comprando um furo. Produtos e serviços são plataformas para a entrega de algum conceito ou benefício. As empresas empenham-se arduamente na busca da necessidade essencial que tentarão satisfazer (KOTLER, 2000, p. 27).

Kotler apresenta um conceito de Marketing que vai muito além da sua compreensão, já empobrecida, como publicidade e propaganda. Para ele:

> Marketing é o processo social por meio do qual as pessoas e os grupos obtêm aquilo de que necessitam e o que desejam com a criação, oferta e livre negociação de produtos e serviços de valor com outros (KOTLER, 2000, p. 30).

Perceba como essas duas definições dialogam diretamente com aquilo que foi proposto na Regra nº 1 – *Ganhar dinheiro para viver, e não viver para ganhar dinheiro.* Empresas são soluções sociais para a necessidade de provisão adequada de bens e serviços para a sociedade. Definir uma missão é dizer qual necessidade essencial (ou quais) a empresa vai satisfazer. Marketing é o nome mais apropriado para se dar a esse abrangente processo social.

Quando as empresas estão em uma missão correta, o negócio prosperará e o lucro será imenso (citando a versão profeta de Henry Ford): os produtos vendem-se por si próprios. Nessa perspectiva, o marketing não é um esforço de guerra, tentando metralhar os consumidores com produtos e serviços que eles não desejam, e sim o processo que deixa o produto ou serviço disponíveis para um cliente que já está pronto para comprá-los. O importante é concentrar-se nessa certeza.

George Merck II, presidente da Merck: Quero expressar os princípios que todos nós da empresa nos dedicamos a honrar. Eles se resumem à ideia de que os medicamentos são para os pacientes. Mantemos sempre em mente que eles são para as pessoas, não para gerar lucros. Lucros são consequências e, se nunca nos esquecermos disso, eles também sempre virão. Quanto mais nos concentrávamos nessa certeza, maiores os lucros se tornavam (COLLINS, J. *Feitas para durar*, 2020, p.47).

MISSÃO COMO DECLARAÇÃO DIPLOMÁTICA

As declarações da missão são uma forma de as empresas anunciarem ao mundo qual será o seu posicionamento. No livro *Empresas com Propósito*, publicado pela Alta Books, eu e meu colega de pesquisa identificamos que, voluntária ou involuntariamente, as empresas emitem sinais, percebidos pelos competidores como indicadores dos próximos passos no seu jogo competitivo. Os sinais fornecem e transmitem informações essenciais em interações competitivas, por isso as empresas precisam saber emiti-los e decodificá-los com precisão.

Quando sinalizam para o ambiente e, particularmente, para os seus concorrentes como será o seu comportamento básico, as empresas contribuem para coordenar o sistema competitivo como um todo e torná-lo tanto mais previsível quanto um pouco mais civilizado. Ressalte-se que não estou falando de qualquer tipo de conluio empresarial, antes de um processo interativo — ação e reação — no qual cada participante consegue compreender melhor as intenções do outro, postulando *jogos de soma positiva*, ao invés dos tradicionais *jogos de soma zero* do mundo concorrencial.

MISSÃO COMO FACILITADORA DA COMPREENSÃO COMUM

A missão revela um sentido e seres humanos são ávidos por sentido. A linguagem nasceu do desespero de comunicar os sentidos. *Caem raios do céu, com grande barulho, atingindo árvores que pegam fogo: preciso entender!* Saber o sentido nos ajuda a nos orientarmos no mundo.

Karl Marx foi um dos primeiros a apontar uma questão problemática no mundo capitalista, com empresas privadas atuando como principais agentes na provisão de bens e serviços, e trabalhadores se vinculando a elas na base da remuneração em moeda. Como o trabalho na fábrica era fragmentado e a relação com o trabalhador era estritamente mercadológica, havia alienação — o trabalhador executava uma tarefa pequena e não tinha condições de compreender como ela estaria relacionada com o resultado final da empresa (o sentido do seu "fazer pessoal" no âmbito do "fazer empresarial"). Muito diferente do feudalismo, em que usualmente um trabalhador executava todo o trabalho — como um artesão, por exemplo — ou participava de todas as etapas do trabalho — como os agricultores que aravam, adubavam, plantavam, colhiam...

Embora Marx tenha empregado o conceito de alienação para enfatizar a injustiça do trabalhador não participar da riqueza que produzia, e isso seja questionado por aqueles que são contrários ao seu pensamento, ele tinha razão ao mostrar como a fragmentação da tarefa dificultava a produção de sentido. É como se o trabalhador recebesse apenas uma peça de um grande quebra-cabeça: impossível saber qual seria a figura completa.

Ironicamente, quando a administração começou a se estabelecer como ciência, a fragmentação foi exaltada como virtude. Frederick Taylor, com seus estudos de tempo e movimento; Henri Fayol, com sua noção de cadeia de comando; e Max Weber, com sua ideia de burocracias como máquinas e seres humanos atuando como peças que deveriam ser intercambiáveis sem dificuldades; compuseram um quadro de valorizar a eficiência na tarefa para além de qualquer outra questão.

Nessa perspectiva, trabalhadores *não eram pagos para pensar, eram pagos para fazer* — e, se não deviam pensar, eram *pagos para fazer sem pensar*. Evidentemente que isso só seria parcialmente possível no caso de tarefas repetitivas, como apertar parafusos ou pintar automóveis de preto, nas linhas de montagem de Henry Ford. As pessoas atribuem sentido quando pensam, ou seja, quando alguém diz que se deve fazer algo sem pensar está dizendo exatamente para que se esqueça do sentido e se concentre exclusivamente na tarefa diante de si. Como dizer para que as pessoas sejam como peças em uma máquina? Não tinha como dar certo. Até porque o pensamento é automático no ser humano: se escrevo para você não pensar em um orangotango, o que acontece?

Essa situação de alienação no trabalho é agravada pelo trabalho assalariado, pago em moeda. Antes da monetarização das economias, as relações eram do tipo analógicas. O sinal analógico é mais complexo do que o digital por apresentar variações infinitas entre cada um de seus valores (o sinal digital sempre assumirá valores discretos). Explicando a analogia: no contexto medieval, um servo tinha a obrigação de hospedar o rei, caso esse viesse a passar pela localidade. O que isso significava? Quantas pessoas? Comida? Hospedagem? Segurança? Era praticamente impossível saber ao certo onde acabava a responsabilidade do servo (e não é de se surpreender que visitas reais não fossem tão desejadas assim).

Com a monetarização e a instituição de impostos em moeda, essa relação se tornou mais digital. O imposto é X. Pague o valor X e sua obrigação para com o rei estará quitada. Esse tipo de relação, mais digital, favoreceu muito o desenvolvimento do mercado e das relações de mercado. Mercado é uma instituição que possibilita justamente a existência de transações entre desconhecidos. Quando se lida com estranhos, é importante que a obrigação esteja prontamente cumprida. Pago o preço e recebida a mercadoria, não há mais o que se discutir.

Ao mesmo tempo em que é fácil perceber como o mercado foi extremamente útil para o desenvolvimento da sociedade, ao permitir que acontecessem infinitas transações mesmo entre desconhecidos, o que ampliou sobremaneira a disponibilidade de bens e serviços para todos. É também fácil ver que essa relação não funcionaria 100% para contextos do trabalho.

A relação de trabalho dificilmente será completamente digital. Mesmo se tratando de um trabalhador braçal, cuja função seja repetitiva e rotineira (por exemplo, apertar um parafuso). Quantos parafusos apertar em um dia? Quantas voltas ao apertar cada parafuso? O trabalhador concorda em ceder uma parte de seu tempo e seguir algumas ordens em função do recebimento do salário. Porém o que exatamente significa seguir essas ordens sempre deixa margem para o indefinido. Em outros termos, a relação de trabalho é mais analógica — pode haver uma variação grande naquilo que é entregue.

Frederick Taylor achou que poderia tornar essa relação mais digital, tornando as ordens mais precisas e seu cumprimento mais exato. Estudando "tempos e movimentos", Taylor apregoava que aqueles que concebiam o que precisava ser feito (patrões e gerentes) deveriam dividir o fazer em partes menores, até que houvesse uma tarefa bem específica a ser passada ao último homem na linha hierárquica: "pegue o parafuso com a mão esquerda; coloque no local, aperte com a chave Y, dando duas voltas para a direita; depois pegue o próximo parafuso"...

Não foi necessário muito tempo para que as pessoas que atuavam nas fábricas e os estudiosos de administração percebessem que a abordagem de Taylor não era suficiente. Uma década depois do sucesso da pregação de Taylor, já surgiram os estudos da chamada Escola de Relações Humanas, que captavam a insatisfação dos trabalhadores e como ela afetava o seu desempenho e, por consequência, o desempenho das empresas. O próprio Taylor foi hostilizado por trabalhadores e sindicatos na época.

Norbert Wiener, um dos pais da cibernética, fez uma afirmação interessante: trate as pessoas como formigas e as pessoas se comportarão como formigas. O sistema de Taylor, complementado pelos conceitos de Fayol e Weber, basicamente queria criar formigueiros — com cada formiga operária fazendo exatamente o seu papel (ver Regra nº 10 – *Não crie formigueiros*).

Os teóricos da escola de relações humanas perceberam que era preciso 'remoralizar' as relações entre trabalhadores e empresas: trazer o componente analógico de volta à relação de trabalho. A noção de pagamento em troca de mercadoria não era exatamente apropriada para troca de trabalho por dinheiro. Entender-se como *mercadoria* já era suficientemente degradante de um ponto de vista do indivíduo (e a revolta de Marx em grande parte partiu desse ponto, da concepção do trabalho como mercadoria). A noção de pagamento em troca da sua participação em uma missão, no cumprimento de alguma função social, tem em si um potencial motivador muito mais elevado. Para as pessoas, a gratificação moral importa muito. Elas vão se empenhar muito mais quando se sentirem responsabilizadas e compreenderem para que serve aquilo que fazem, e até serem capazes de identificar e perceber o sentido de sua contribuição individual.

Não preciso me estender muito mais aqui. Já há um consenso científico de que o pagamento em dinheiro tem um efeito limitado na motivação humana. E esse efeito decresce quando o salário é aumentado (há um limite a partir do qual aumentos salariais não têm mais efeito motivador para as pessoas). O pagamento em dinheiro é completamente externo ao trabalhador (vem da empresa) e, como tal comanda, uma compulsão: o trabalhador sente-se um escravo. O que vai de fato motivar as pessoas para darem o melhor de si livremente são a existência e a compreensão de um senso de missão. Não é por acaso que os mais poderosos movimentos da história humana — pense na Revolução Francesa, por exemplo — tenham tido motivações morais.

A missão é um antídoto contra a alienação provocada pela fragmentação da tarefa e pela relação contratual do trabalho assalariado. Para o trabalhador que não conhece ou não compreende a missão da empresa, o resultado é opaco, e ele não consegue entender o papel de sua tarefa. Para o trabalhador missionário, aquele parafuso que ele aperta mantém a roda presa naquele automóvel, que vai atender à necessidade social de deslocamento de um lugar para o outro com mais rapidez e segurança. A missão dá a ele algo em que pode acreditar. A missão dá crédito: indica com clareza o que é importante.

Para produzir esse efeito, a missão tem que ser autêntica. Daí o fracasso de tantas declarações produzidas por consultorias, relegadas aos versos dos crachás e aos quadros de avisos.

OS SACERDOTES

Os pregadores mais confiáveis da missão são os altos executivos. São eles que espalham a mensagem dos fundadores.

> **Jack Welch, presidente da General Electric:** Definir a missão é uma incumbência do alto escalão (WELCH, J. *Paixão por vencer*, 2020, p. 26).

Consultorias que produzem declarações de missão *ad hoc* para seus clientes são como falsos profetas. Conseguem angariar seguidores, mas suas previsões não se concretizam. Com o tempo, tornam-se ridículas e risíveis. E, muitas vezes, são carregadas de hipocrisia — palavras que não condizem com as ações organizacionais. Com isso, as pessoas não se envolvem, afinal, ninguém quer ser feito de bobo. Se a declaração da missão é uma mentira, a vida de todos na empresa será pautada por essa mentira.

Os altos executivos exercem o papel de sacerdotes, eles são os grandes administradores do sentido dentro das organizações. Entretanto é necessário que a transformação aconteça em cada um. Uma missa só com o celebrante não alcança seus resultados. A missa acontece nas pessoas e com as pessoas. O interesse maior da empresa tem que se tornar pessoal antes de se tornar real. As pessoas têm que saber e sentir como a missão muda suas próprias vidas, em cada aspecto particular.

A existência de uma missão comum é a conexão possível entre todos na corporação — do mais baixo empregado ao presidente. Quando se pensa em termos de missão esquece-se, ainda que momentaneamente, das gritantes diferenças remuneratórias existentes entre o alto escalão e os níveis iniciais. Todos ficam envolvidos, cada um conforme sua capacidade (ou posição). Emerge um sentido de solidariedade que enseja uma cooperação mais ampla e fluída. As empresas se tornam uma versão da República platônica, concebida como um lugar apolítico, sem conflitos, porque cada um estava em seu lugar, fazendo o que lhe era devido.

A lealdade das pessoas não se estabelece em relação a um todo imaginário — a pessoa jurídica —, mas sim em relação à pessoas e à atividade que estão fazendo. Aquilo que as pessoas fazem cria, simultaneamente, as próprias pessoas. Não é um efeito colateral o fato de assumirmos uma identificação com o trabalho a tal ponto de nos definirmos a partir dele: "eu sou engenheiro mecânico, sou analista de, sou..." O objeto supremo da lealdade das pessoas nunca é algo a ser feito e sim o processo.

MISSÃO E PROCESSO DECISÓRIO

Julia Collins, fundadora da Zume Pizza: Há muitas decisões diárias que são regidas pela nossa missão. Seria fácil usar um pouco mais de sal nas nossas pizzas. Até mesmo adicionar um pouco de açúcar ao molho, em vez de andar um pouco mais para encontrar tomates mais frescos. Esses são os pequenos e insidiosos compromissos que podem invadir uma organização e minar quem você é (DOERR, J. *Avalie o que importa*, 2019, p. 210).

Uma missão é diferente de um objetivo. A missão é direcional, uma interpretação particular de um sentido. A declaração de Julia Collins, fundadora da Zume Pizza, mostra isso com uma riqueza de nuances. Se a questão que ela apresenta tivesse que ser tratada com objetivos, quantos objetivos teriam que ser criados? Para se pensar em alguns: *não buscar alterar o sabor das pizzas com produtos mais baratos; não se valer do sal para alterar o sabor; não...* Seriam objetivos em cascata. E como acompanhar e controlar cada um deles? Quando se pensa em termos da missão, tudo fica mais fácil.

A missão vincula o cotidiano ao prazo indeterminado. Pequenas e grandes decisões diárias são tomadas de modo quase intuitivo, a partir da interpretação do contexto e sua referenciação na missão. Como um *soft power*, a missão indica o que deve e o que não deve ser feito, sem necessidade de detalhamentos aprofundados ou da elaboração de um enciclopédico manual de instruções.

Esse papel de orientação do processo decisório, principalmente de longo prazo, é importantíssimo. Particularmente, é quando se define aquilo que não se deve fazer, como as decisões negativas. Bob Iger, presidente da Disney durante 15 anos, relata, por exemplo, que quando avaliou a possível compra do Twitter, pensou: "Algo não parecia estar certo". Uma sensação indefinida, mas pelos argumentos que ele apresenta, muito claramente ligadas a uma noção da incompatibilidade entre a missão da Disney e a do Twitter.

MISSÃO COMO A DEFINIÇÃO DE UM PADRÃO DE EXCELÊNCIA

> **Bob Iger:** O sucesso de uma empresa depende do estabelecimento de altos padrões para tudo, sejam coisas grandes, sejam pequenas. Em outras palavras: o modo como você faz qualquer coisa é o modo como você faz todo o resto (IGER, 2020, p. 25).

Como alcançar esse nível de desempenho proposto pelo ex-CEO da Disney, Bob Iger? Manter altos padrões para tudo, "sejam coisas grandes, sejam pequenas"? A resposta foi dada por ele mesmo: "o modo como você faz qualquer coisa é o modo como você faz todo o resto" (IGER, 2020). Isto é, o modo como você mergulha e incorpora uma missão.

> **Phil Knight:** Quando você faz alguma coisa, quando melhora alguma coisa, quando entrega algo, quando acrescenta um produto ou serviço novo à vida de estranhos, tornando-os mais felizes, ou mais saudáveis, ou mais seguros, ou melhores, e quando você faz tudo isso de maneira eficiente, inteligente, da forma como deve ser feito, mas tão raramente o é, você está participando mais completamente de todo o grande teatro humano. Mais do que simplesmente vivo, você está ajudando outras pessoas a viverem de forma mais plena e, se isso é um negócio, tudo bem, pode me chamar de homem de negócios (KNIGHT, 2016, p. 352).

A missão tem um caráter único justamente por ser capaz de apontar para a finalidade e, simultaneamente, para o modo como se vai em busca daquele fim. Compreendendo que buscar esse fim é fazer parte mais completamente de *todo o grande teatro humano*. Mantendo a mente aberta para improvisar e encontrar novos caminhos. Seja um missionário, mas deixe a mente aberta.

REGRA Nº 2. VIDA REAL

Sam Walton era um empreendedor típico, sobrecarregado de energia e dotado de instintos notáveis. Era um obcecado com lojas: mesmo quando viajava em férias com a família, ia parando de cidade em cidade para conhecer novas lojas. Quando esteve no Brasil, foi detido em uma unidade do Carrefour — os seguranças estranharam, porque ele estava tirando muitas fotos. Walton tinha um senso forte de missão, que interpreto como promover o acesso das pessoas a bens de consumo em grande variedade e ao menor preço possível. Sua determinação era tão grande que conseguiu que essa mentalidade se espraiasse por toda a comunidade do Walmart. Seu senso de missão, contudo, não impediu que Sam Walton analisasse outras oportunidades, como a que o levou a entrar para o ramo do Atacado, com a criação do Sam's Club. Walton era um missionário, mas não um dogmático.

CAPÍTULO 03

CULTIVE O SEU JARDIM

A EMPRESA É MAIS DO QUE A SOMA DE SUAS PARTES

Vamos supor um exercício de anatomia empresarial: você vai dissecar uma empresa por meio da análise de todos os seus relatórios econômicos e financeiros. Qual será o resultado? O que você vai obter é o mesmo que você conseguiria extrair de um cadáver. A pessoa que ele foi não está mais ali. E ainda que estivesse vivo: é difícil imaginar que se poderia saber tudo sobre uma pessoa por meio de um conhecimento completo de todos os seus órgãos. Se fosse assim, bastaria que todo mundo fizesse uma tomografia computadorizada e não existiriam mais mistérios no mundo.

Afinal, o que é um ser humano integral? Ou, por analogia, o que é uma empresa em sua integralidade? Lee Iacocca chamava, pejorativamente, os analistas financeiros de "contadores de feijão". Tentar analisar uma empresa de uma forma essencialmente mecânica, como acontece quando se presta atenção exclusiva aos relatórios econômicos e financeiros, é como contar feijões e achar que vai conseguir explicar o sabor de uma feijoada — totalmente desprovido de sentido. É impossível julgar uma empresa qualquer pelo que dela se pode calcular, contar ou traduzir em fórmulas. Ou seja, pela soma de seus caroços de feijão.

A cultura organizacional, que trato na presente regra, é um exemplo de elemento definidor da empresa, apesar de não aparecer nos números oficiais. Ela é produto de uma vivência emocional em comum. Nesse sentido, é um aspecto estético e faz parte da aparência com a qual a empresa se apresenta ao mundo. E aos seus. Pela cultura, a empresa inteira torna-se visível a si mesma, como uma unidade imperecível: as gerações de funcionários passam, mas a forma intemporal permanece. Esse é um dos elementos que tornam possível a eternidade para as pessoas jurídicas.

Contudo a eternidade é vivida em um tempo e em um espaço específicos. A especificidade própria da empresa passa pela sua cultura: aquela diferença que é relevante e, portanto, informativa. É a partir dessa especificidade que a empresa age no mundo e interage com ele. A cultura é um sinal distintivo daquela empresa em particular, o ruído branco de fundo.

Michael Dell, fundador da Dell Technologies: No início, quando era apenas eu na empresa, eu tinha um conjunto de valores que sabia serem importantes, mas não precisava comunicá-lo a ninguém. À medida que mais e mais pessoas entravam a bordo, o cenário se complicou (DELL, M. *Jogue limpo, mas vença*, 2022, p. 223).

Michael Dell foi um desses fundadores visionários, assim como Akio Morita (Sony), Phil Knight (Nike) e Walt Disney, entre tantos outros. São pessoas que, nos dizeres do economista John Maynard Keynes, tinham um espírito animal (*animal spirit*), uma centelha que os fizeram assumir riscos e começarem a empreender e a criar empresas. Há algo de comum nas histórias desses fundadores visionários: todos tinham personalidades fortes, sob algum aspecto. Foram capazes de ter persistência e perseveraram, às vezes, em circunstâncias bastante adversas. São pessoas que, consciente ou inconscientemente, deixaram uma marca naqueles que as conheceram. E disseminaram culturas.

Naqueles anos intensos de sua pós-adolescência, montando computadores e brigando por espaço com o colega de quarto, Michael Dell imprimiu sua personalidade, o carimbo do seu *animal spirit* específico à nascente Dell Technologies. Logo, montou um pequeno grupo inicial para ajudá-lo a dar conta do crescimento vertiginoso daquela que viria a ser um dos principais fabricantes de produtos de informática do mundo. Convivendo muitas horas por dia, muitos dias por semana, e tendo que resolver problemas verdadeiramente desafiadores, cujas soluções significavam a vida ou a morte para a empresa, esse grupo instaurou uma cultura. O seu diferencial.

Um dos pioneiros a estudar o assunto, Edgar Schein definiu cultura organizacional como aquilo que "um grupo aprende ao longo de um período de tempo enquanto resolve seus problemas de sobrevivência no ambiente externo e seus problemas de integração interna. Esse aprendizado é um processo simultaneamente comportamental, cognitivo, e emocional" (SCHEIN, 1990). O conceito de Schein mostra algo importante. No mesmo momento que se forma um grupo, a cultura começa a tomar forma, como naquele grupo que acompanhou Michael Dell.

As pessoas começam a interagir entre si. Exposições repetidas, prolongadas e intensas estão na base mais primitiva das ligações sociais, e são elas que vão funcionar como fonte de estabilidade psicológica e social para o grupo. Das interações, começam a surgir padrões, que vão se consolidando e se transformando em comportamentos específicos na linguagem antropológica, em afastamentos significativos em relação a outros grupos. Logo, os membros daquele grupo específico estão se comunicando e interagindo de uma forma peculiar, autorreferente, uma vez que também foi definida pelo que o grupo era no dia anterior.

A empresa inventa a cultura e a cultura inventa a empresa. Ou seja, não é possível estudar uma empresa ignorando a sua cultura — como fazem os analistas-legistas que se contentam com os relatórios financeiros, porque os números que vão parar naqueles relatórios só acontecem como resultado do agir dentro de uma cultura específica. Por outro lado, também não é possível estudar a cultura ignorando a empresa, pois as práticas instituídas, os valores e os rituais são, em certa medida, moldados por conceitos e desejos profundamente enraizados, construídos a partir da fundação da própria empresa, trazidos como sementes pelos fundadores visionários.

Howard Schultz, CEO da Starbucks: Enquanto empreendedor, você começa a deixar a marca de suas crenças a partir do primeiro dia, esteja percebendo isso ou não. Assim que os filhos, ou as pessoas da empresa, absorverem esses valores, você não poderá de repente mudar a visão de mundo deles com uma palestra sobre ética (SCHULTZ, H. *Dedique-se de coração*, 2019, p. 86).

Schultz percebeu que, após fazer as coisas de uma determinada maneira, durante cinco anos, naquele estágio inicial da empresa seria muito difícil, senão impossível, reinventar a cultura. As marcas ficam impressas. E são marcas difíceis de serem removidas, quiçá alteradas.

Portanto, se você quiser, de fato, conhecer a cultura de uma empresa, terá que fazer um mergulho etnográfico. Pesquisas sobre cultura costumam utilizar a técnica de observação participante, com o pesquisador profundamente imerso na cultura da empresa. É a mesma técnica que os antropólogos utilizam para estudar comunidades de povos originários: mudam-se para o lugar e tentam se fazer passar despercebidos, como se pertencessem ao grupo, de modo a poder observá-lo em seu estado mais natural possível. Um cuidado relevante com essa metodologia é a neutralização de possíveis vieses, resultantes justamente da grande imersão do pesquisador.

Fazendo isso, contudo, você poderá ter uma boa ideia do que é a empresa de verdade apenas constatando aquilo que coloquei ao início: a empresa é muito mais do que a soma de suas partes. Trata-se de sinergia, é claro, daquilo que surge como resultado emergente da atividade coletiva. No entanto trata-se também de elementos incorpóreos, daquilo que poderíamos chamar de "alma" empresarial.

Se você insistisse naquela tentativa mecânica de dissecação, provavelmente, além dos números nos relatórios, encontraria as instalações, as fábricas, o maquinário, os estoques. Nos termos do exercício analógico proposto, você teria em suas mãos o corpo da empresa. Entretanto uma empresa viva é mais do que isso. Ela tem uma mente — suas estratégias, sua programação, sua forma de organização, seu conceito de marketing etc. Além de uma alma — seu clima organizacional, sua missão, seus valores, seu conhecimento coletivo e sua cultura.

> **Jeff Bezos, fundador da Amazon:** Você tem que escrever sua cultura corporativa no papel, mas quando fizer isso, você a estará descobrindo, revelando – não criando (CHARAN, R. O sistema, 2020, p. 181).

As sementes de cultura estão lá, no momento em que a empresa nasceu, ainda quando ela estava no funcionário "número zero" (como quando Dell falou que não tinha que comunicar seus valores a ninguém). Por isso, Jeff Bezos, ele mesmo outro fundador visionário, realça que não se cria uma cultura, mas a *descobre*, a *revela*. Porque o cultivo começou desde o primeiro momento, junto com o nascimento da pessoa jurídica. Quem chega numa empresa recebe essa herança, sem testamento. Para o bem ou para o mal, a cultura já está criada. Os esforços agora devem se voltar para o seu cultivo.

Ricardo Semler: Copiar cultura de empresa bem-sucedida é grau 8,5 de miopia. A cultura da empresa, seja ela democrática, autocrática, progressista ou tradicional, séria ou mais ou menos, é sua personalidade (SEMLER, 2002, p. 66).

Cultura não é algo que se copia, tampouco é implantada por decreto. Como o nome diz, "culturas são cultivos" — processos de criação de vida coletiva e, como tal, lentos, operando por sedimentações e influências simbólicas. Naquelas intensas interações iniciais do grupo, há falas e atividades que se repetem, seguindo um padrão, e acabam virando costume. Nascem tradições, jeitos de fazer funcionar, formas como todo o processo acontece. Geram-se técnicas e práticas, que se codificam em textos. Com o tempo, surgem configurações, sistemas. Foi isso que Ricardo Semler registrou com sagaz ironia. Quem chega achando que vai criar uma cultura ou implantar uma copiada de outro lugar vai correr o risco de trombar com um poste, graças ao seu alto grau de miopia.

A cultura é um saber prático. São costumes vividos em comum ("aqui as coisas são assim") e regras para a interpretação do que acontece ("aqui é assim que vemos as coisas"). A cultura é muito importante, porque está impregnada de valores, e é em contraste com eles que as pessoas conseguem desenvolver concepções de si próprias e de como devem atuar dentro do contexto. Além disso, a cultura também fornece marcadores semânticos para as situações (atrativas ou repulsivas), dando às pessoas meios para entender e saber como reagir a cada uma delas.

O que acontece? O caráter aberto do ser humano faz com que seja infinito o número de comportamentos possíveis a cada momento. Dentro do sistema de atitudes característico do ambiente cultural, progressivamente, reconhece-se quais comportamentos são mais adequados e quais são aceitáveis ou inaceitáveis. Desenvolve-se um sistema de atitudes ou um universo reconhecido de comportamentos aceitáveis. Por assim dizer, se a missão define um sentido para a ação das pessoas nos contextos empresariais (ver Regra nº 2 – *Seja um missionário, mas deixe a mente aberta*), a cultura administra esse sentido.

Akio Morita: Na verdade, nenhuma teoria, plano ou política governamental pode fazer um negócio dar certo e ter sucesso – isso só pode ser feito por nós, gente! (MORITA, 1995, p. 143).

Como Akio Morita bem colocou, não se trata de sistemas de gestão, de planos estratégicos ou ainda de decisões governamentais. Negócios são formados por gente. Gente que vive junto, com quem se interage por muitas horas diárias, meses e anos a fio. E nessa interação vão produzindo consensos ou formas de atuar altamente ricas em contexto. Por isso, culturas não são copiáveis. Tampouco ações bem-sucedidas em uma cultura são facilmente reproduzíveis em outra.

Pouco a pouco, os valores, as crenças, as atribuições, as ideologias (elementos culturais invisíveis) vão se agregando a alguns marcadores concretos (vestimentas, ornamentos, jargões, símbolos) e a cultura vai ganhando vida e poder próprios. Vai se tornando significado, em vez de significante.

Bharat Anand, que trabalhou na Toyota, lembra que na sua juventude "não conseguia entender porque a Toyota deixava que o pessoal da GM e da Ford entrasse em suas fábricas e fizesse todas as pesquisas que quisessem" (ANAND, 2018, p. 259). Depois de muitos anos, ele compreendeu que ainda que as pessoas conseguissem enxergar tudo, não conseguiriam "enxergar em 3D" (ANAND, 2018, p. 259). Tem um pouco a ver com aquilo que falei sobre estudar os povos originários: uma tentativa de enxergar em três dimensões ou de captar o fenômeno como um todo.

Contudo as decisões são altamente intensas quando estão em contexto e, com frequência, são interconectadas. Cada decisão, cada fazer, cada ação, ampara-se em outras decisões, outros fazeres, outras ações. A coordenação estabelecida por muito tempo, e solidificada na cultura, atua como cola, mantendo tudo junto e amplificando o impacto de qualquer decisão individual.

O mundo da gestão é peculiar, com seus circuitos exclusivos de eventos e suas publicações badaladas. Quando uma empresa se destaca, começa o burburinho e a tentativa de imitar suas práticas, para alcançar o mesmo sucesso. Até mesmo se criou um conceito para tratar esse processo de um modo mais científico, o *benchmarking*. Porém o fato é que enxergar em 3D seguirá sendo difícil. E simplesmente copiar uma cultura seguirá sendo impossível. O que faz uma empresa ser o que ela se tornou é algo muito maior do que a soma de suas partes.

CULTURA COMO ADMINISTRAÇÃO DO SENTIDO

Ao descrever o principal ingrediente do Walmart para um futuro bem-sucedido, David D. Glass disse que "os associados da empresa encontrarão um caminho" e que "nossa gente é implacável". O CEO da AMES, contemporâneo a Glass, disse: "A verdadeira e única questão é a participação de mercado" (COLLINS, 2020, p. 35). Aqui fica bem evidente a diferença entre uma empresa com uma cultura forte, viva e dinâmica e uma empresa focada no próximo relatório quadrimestral a ser apresentado a Wall Street.

As pessoas no Walmart são desafiadas a serem missionárias. A encontrarem um caminho para atender à necessidade social de aquisição de itens de varejo. Em suas múltiplas interações, os funcionários do Walmart sedimentaram uma cultura, que vem se transmitindo para novos membros e vai determinando aquilo que se faz e o como deve ser feito. No final das contas, a cultura empresarial é a melhor explicação de porque as coisas são como são.

Não podendo contar com um elemento cultural tão positivo, o CEO da AMES recorreu à dissecação de relatórios de mercado para definir a busca do sucesso de sua empresa. Os resultados das duas empresas falam por si. Max Weber afirmou que "o homem é um animal amarrado em teias de significados que ele mesmo teceu". Como já falei na Regra nº 2 – *Seja um missionário, mas deixe a mente aberta*, somos, como seres humanos, devoradores de sentido. Precisamos de sentido para viver, só assim damos um jeito de produzir sentido.

Nesse processo, vamos tecendo teias de significados para nos enredarmos. O termo é muito propício: criarmos um enredo para nós mesmos, para compreendermos o nosso papel e atuarmos de acordo. Como nossas mentes são aculturadas, nós estamos acostumados a justificar nossa existência e a provar nosso valor em relação a uma cultura.

Com a cultura, adquirimos um sistema interpretativo que reflete o conhecimento de fundo do grupo, garantindo a interconexão entre a multiplicidade de orientações possíveis para a ação. Ou seja, imersos em uma cultura, as pessoas conseguem entender o que está acontecendo de forma semelhante e reagir de modo adequado, coordenando suas ações de modo instintivo.

Julia Collins: Cultura é a linguagem comum que permite que os indivíduos de uma organização tenham certeza de que todos estão falando sobre a mesma coisa e que há algum significado compartilhado por todos. Além disso, a cultura estabelece uma estrutura comum para a tomada de decisões. Na ausência de uma cultura, as pessoas não sabem como tornar as principais funções replicáveis e escalonáveis (DOERR, 2019, p. 208).

Como bem colocou a fundadora da Zume Pizza, é muito importante a existência de uma linguagem comum e a capacidade de atribuição de um sentido compartilhado. Esses elementos culturais vão dar fluidez à gestão, possibilitando o compartilhamento de uma estrutura coletiva de tomada de decisões, cujo ótimo resultado é de diferentes pessoas chegando às mesmas decisões. A cultura reduz a complexidade do mundo a um domínio de valor compreensível por todos dentro da empresa.

Gosto de definir cultura como uma rede de instintos artificiais. O instinto é a reação automática, sem reflexão, programada para assegurar a sobrevivência ou para evitar perigos. Há uma sabedoria evolutiva embutida no instinto, desenvolvida ao longo dos milhares de anos da existência da espécie. Do mesmo modo, há uma sabedoria embutida na cultura, que faz com que as pessoas atuem de certo modo, assegurando o fluxo de atividade mais eficaz, uma vez que foi coordenado sem necessidade de reflexão.

Andy Grove, presidente da Intel: A companhia tem um par de crenças que são tão fortes como dogmas religiosos (Grove, A. *Only the paranoid survive: how to exploit the crisis points that challenge every company*, 1999, p. 90).

De maneira similar à missão, a cultura traz também uma dimensão quase religiosa para o contexto empresarial. O "par de crenças" mencionado por Andy Grove jamais será algo escrito por uma consultoria externa. Ele está se referindo a algo que acompanhou a empresa desde os seus primórdios, o caldo daquelas interações intensas e sacrificiais feitas no grupo original. Interações diretamente lideradas pelo fundador e, portanto, impregnadas por seus valores. Jim Collins, o famoso guru de gestão, ressalta que as empresas *feitas para durar* apresentavam "culturas tão fortes que criavam verdadeiros cultos em torno da ideologia da organização" (COLLINS, 2020, p. 72). A presença desse elemento é o que provoca uma explosão de espontaneidade e vigor no comportamento e na vida dentro de *start-ups*, por exemplo.

A cultura proporciona um contexto experiencial a partir do qual as pessoas colocam os interesses da empresa acima de seus próprios. Quando acontecem problemas, pessoas de todas as áreas correm e se dedicam intensamente, sem que seja preciso que alguém lhes dê uma ordem. Esse é o clima nas *start-ups*. Esse deve ser o clima em todas as empresas, que idealmente deveriam sempre pensar com alma de pequena empresa (ver Regra nº 5 – *Mantenha a alma de quando começou*).

Como disse na primeira regra: não se trata somente de ganhar dinheiro. Quando se chega ao ponto de colocar o dinheiro acima de tudo, a empresa está destinada ao fracasso. Trata-se de viver uma experiência comum, integrativa — a construção de um patrimônio coletivo (a pessoa jurídica). Patrimônio aqui em sentido metafórico. Uma empresa é um patrimônio coletivo, cultivado a partir de vivências e intervivências.

CULTURA COMO *SOFT POWER*

Da mesma forma que as palavras são definidas pelo contexto (proposta da obra do filósofo Ludwig Wittgenstein), as ações também são definidas pelo contexto. No caso, o contexto é a cultura.

> **Andy Grove:** Aquele que adere aos valores de uma cultura coletiva – um cidadão comunitário inteligente – se comportará da mesma forma em condições semelhantes, o que significa que o administrador não está obrigado a suportar as deficiências engendradas por normas, procedimentos e regulamentos formais que, muitas vezes, são utilizados com vistas ao mesmo resultado (GROVE, 1997, p. 72).

Da mesma forma que a missão (que, na verdade, é um elemento da cultura), a cultura organizacional é também muito importante por ser uma forma suave de controlar os comportamentos (*soft power*). Se para ser um cidadão é preciso jurar à Constituição, o cidadão corporativo deve jurar à cultura organizacional da empresa. Quando o novo funcionário recebe a herança sem testamento e a aceita (adere aos valores presentes na cultura), ele passa a se comportar da forma esperada naquele contexto, diante das mais diversas situações.

Nem mesmo um manual do tamanho da infosfera daria conta de prever todas as contingências e as séries infinitas de possibilidades dos acontecimentos cotidianos. A cultura faz com que isso seja desnecessário. Sendo uma rede de instintos artificiais, ela supre o que não está nos manuais, preenchendo as lacunas das normas, regulamentos e procedimentos operacionais padrão.

De um ponto de vista comportamental, pode-se dizer que a cultura fornece estímulos discriminativos, que aumentam a probabilidade de resposta a um dado estímulo. Com isso, propicia a previsibilidade e a regulação da ação de uma forma útil. Sem cultura, estaríamos sempre perplexos. Dos elementos culturais, surge o comportamento adequado para se buscar o melhor resultado ou para se evitar o maior dano.

A importância de uma orientação flexível para o comportamento ganha ainda mais relevo quando se considera o grau de brutalização da realidade vivenciada nas últimas décadas. As mudanças pelas quais passa o mundo são abruptas, intensas e acontecem em escala planetária. Em um mundo estável, no qual as pessoas tinham apenas que cumprir as próximas tarefas, seguindo ordens ao pé da letra, a capacidade de adaptação não era tão estratégica. Porém no mundo presente, as empresas estão recorrendo às pessoas para darem o melhor de si e conseguirem fazer com que as próximas tarefas deem certo. É outro patamar de competição e sobrevivência empresarial.

> **Andy Grove:** Quando o ambiente muda mais depressa do que se podem mudar as regras, ou quando um conjunto de circunstâncias é tão ambíguo e obscuro que torna impraticável a elaboração de um contrato capaz de cobrir todas as possibilidades, necessitamos de outro tipo de controle, que se baseie nos valores culturais. Sua característica mais importante é que o interesse do grupo mais amplo ao qual o indivíduo pertence tem precedência sobre o interesse individual (GROVE, 1997, p. 166).

A cultura gruda nas pessoas como uma tatuagem. A imersão cultural faz com que a pessoa tenha uma condição subjetiva de sensibilidade, que a permite intuir o que está acontecendo e o que deve ser feito. Andy Grove destaca esse aspecto da cultura, indicando o modo como ela alinha interesses pessoais e interesses corporativos que, no fundo, é o grande desafio da gestão.

No mundo em que se prevalece a ocorrência do trabalho assalariado, esse desafio é ainda maior. A remuneração em dinheiro, por uma quantidade de horas diárias, paga ao final do mês, tende a retirar do trabalho o elemento moral. Aquele trabalhador que laborava sozinho, em seu ateliê, manufaturando produtos individuais, sob encomenda, tinha um compromisso com a qualidade de seu produto, da qual dependia sua reputação e, em muitos casos, a sobrevivência de si e de sua família. O servo da gleba, na estrutura social feudal, tinha uma relação complexa com seu senhor — fazia pagamentos em víveres e, às vezes, em dinheiro. Porém entendia que tinha um dever moral de ligação com o proprietário da terra, devendo ajudá-lo em caso de conflito, por exemplo.

O elemento moral no trabalho, seja qual for, é aquele que traz uma motivação intrínseca ao trabalhador, que o impele a fazer um trabalho bem-feito, independentemente da forma de sua remuneração. O trabalho assalariado tende a reduzir esse elemento, porque há uma compreensão contratual da relação, muito direta e específica: você pagou por tantas horas de meu tempo, cumprindo uma determinada tarefa. "Aqui estão as minhas horas, agora me dê cá o meu pagamento!"

Imerso em uma cultura positiva e que dialogue com os seus interesses, o trabalhador consegue visualizar o objetivo maior da empresa e compreender que esse objetivo coletivo deve ter precedência sobre o seu interesse individual. Se a empresa estiver bem, os seus membros estarão bem. Uma lógica de reciprocidade, que traz de volta a dimensão moral para o ambiente de trabalho. Como consequência quase direta, os trabalhadores ficam mais motivados.

Pessoas que compartilham uma cultura positiva sentem o trabalho mais como algo moral do que contratual. Isso é muito poderoso. Como destaca o ex-diretor de pessoas do Google: "Pagamento em dinheiro é uma transação de mercado. Relação moral é outra coisa" (BOCK, 2019, p. 40).

> **Laszlo Bock, vice-presidente sênior de operações de pessoas do Google:** Liev Tolstói, romancista russo, escreveu: "todas as famílias felizes se parecem umas com as outras". Todas as organizações bem-sucedidas se assemelham também. Em sua cultura organizacional, elas têm uma noção clara não só do que produzem, mas também do que são e querem ser. Na visão delas, consideram não apenas a própria origem, mas também o seu destino (BOCK, L. *Um novo jeito de trabalhar*, 2019, p. 34).

CULTURA COMO ELEMENTO DE MEDIAÇÃO

Outra razão para se prestar muita atenção ao cultivo do jardim é o papel da mediadora por dentro e por fora. Seja como um dos determinantes de uma relação positiva da empresa com o seu ambiente externo, seja como um dos elementos de equilíbrio e homeostase da empresa em seu ambiente interno.

Externamente, a cultura vai abarcar os meios possíveis a serem usados para alcançar os objetivos empresariais. Também vai ser importante para a definição dos critérios a serem usados para medir os resultados. O Google é um exemplo interessante. *Don't be evil!* (Não seja mau!) acabou se transformando em um dos mais importantes princípios de sua cultura e, como tal, funciona como limitador de quais meios o Google poderá usar para alcançar os seus resultados. Um exemplo poderoso da força desse princípio está na história de quando os seus fundadores decidiram abrir o capital, após muita hesitação. Uma das mensagens que passaram, explicitamente, é a de que queriam fazer algo bom para a humanidade, ainda que não se traduzisse em lucro em curto prazo (uma linguagem herética para os operadores do mercado financeiro).

Porém, quando o Google decidiu ingressar no mercado chinês, teve que ceder ao governo daquele país e adotar a censura no seu mecanismo de busca. Compreensivelmente, houve forte reação dos seus funcionários, alegando ser inadmissível a concessão, diante dos valores, da missão e, principalmente, da cultura da empresa. Como compatibilizar a censura em um país ditatorial com o lema *don't be evil*?

Internamente, a cultura define a linguagem compartilhada, o significado de conceitos básicos, como os de tempo e espaço (o que é urgente e o que significa ser urgente, por exemplo), os membros (quem faz parte ou não do grupo) e como se deve fazer para ser aceito. Com isso, a cultura acaba sendo preponderante para a definição do status de cada pessoa dentro da empresa (quem pode o quê), bem como para o processo de estabelecer as recompensas ou punições. Externamente, a cultura vai definir as possibilidades de atuação ao delinear as fronteiras do que é aceitável ou inaceitável.

CULTURA COMO DIFERENCIAL COMPETITIVO

É muito importante que este patrimônio esteja bem cuidado: regue o seu jardim, retire as ervas daninhas. Uma cultura forte pode ser um diferencial competitivo, exercendo influência decisiva na habilidade total da empresa para lidar com seus desafios.

Reed Hastings, fundador da Netflix: Nós tínhamos uma coisa que a Blockbuster não tinha: uma cultura que valorizava de pessoas a processos, enfatizava inovação sobre eficiência e tinha muitos poucos controles. Nossa cultura, que focava em alcançar desempenho superior com densidade de talento e liderança, baseada em contexto, não em controle, nos permitiu a crescer continuamente e a mudar, ao passo que, no mundo, as necessidades de nossos membros também mudavam ao nosso redor (HASTINGS, R; MEYER, E. A *regra é não ter regras*, 2020, p. xiv).

A Blockbuster é um bom exemplo (se é que exemplos desse tipo podem ser chamados de bons) de ascensão e queda de uma grande empresa. Seus manuais operacionais indicavam que todos os atendentes deveriam saudar os clientes que entrassem nas lojas. E assim eles o faziam, de modo tão mecânico que conseguiam causar uma má impressão (convenhamos que é pouco natural reagir mal a um cumprimento de bom dia). Porém cumprimentar os clientes não era algo que estivesse na cultura da Blockbuster, era simplesmente um procedimento operacional padrão, provavelmente inventado em um escritório bem distante do chão das lojas. Por isso, era feito de má vontade às vezes.

Ao falar da concorrência com a Blockbuster, o fundador da Netflix não ressaltou a diferença da sua ideia original (envio pelo correio, sem taxas de atraso), mas destacou a cultura. Uma cultura rica e dinâmica, com foco na valorização de pessoas e na sua capacidade de inovar. Para Hastings, foi essa cultura que permitiu o crescimento contínuo da empresa. Ironicamente, crescimento que aconteceu enquanto a Blockbuster via seu império de lojas desaparecer.

A cultura em que se opera determina o quanto do seu potencial a empresa consegue alcançar. Há uma analogia ótima no mundo animal: os pinguins. Pinguins são aves que não voam e também são superdesajeitados para andar. Entretanto, quando nadam, são capazes de percorrer mais de quatro mil milhas, com a energia equivalente à de um galão de petróleo — dois mil quilômetros por litro! Esse desempenho impressionante está intimamente relacionado ao ambiente em que o pinguim está.

Jeff Bezos é reconhecido por sua postura aguerrida e muito competitiva nos negócios e registrou como a cultura pode ser um diferencial competitivo. Em uma determinada situação, houve um pedido de quatro mil Ipads da cor rosa, que deveriam ser entregues antes do Natal. Faltando pouco tempo, quando já era inviável buscar uma alternativa, o fornecedor avisou que a entrega iria atrasar. Os funcionários da Amazon se organizaram, saíram às ruas, visitando lojistas e comprando todos os Ipads rosas que conseguiam, até chegar ao cumprimento do pedido. Eles não esperaram autorização superior. E definitivamente não encontraram essa solução no manual corporativo. Simplesmente foram e fizeram: a cultura tanto os induziu quanto os apoiou.

CULTURA COMO ELEMENTO DE AUTOPROTEÇÃO

Quem não for capaz de se adaptar à cultura, acabará sendo expelido, de uma forma ou de outra. O *soft power* pode virar *hard power* no final. Jack Welch, comentando sobre o assunto, ressaltou a importância da cultura para a compreensão coletiva de determinadas decisões sobre as pessoas.

> **Jack Welch:** Todas as vezes que demitimos um gerente de alto desempenho, com a justificativa de que não encarnava os nossos valores – e isso era dito publicamente –, a companhia reagiu incrivelmente bem (WELCH, 2020, p. 30).

Ele não encarnava os nossos valores — ou seja, não fazia de nossa carne a sua carne, não vivia a nossa cultura. O caminho para fora da General Electric era inevitável. A situação apontada por Welch também foi vivida por outros líderes visionários. David Packard, da HP, em uma entrevista no ano de 1976, afirmou que sempre que descobria que um funcionário havia violado os princípios éticos da empresa para aumentar os lucros da divisão em curto prazo, era demitido, sem exceções, independentemente das circunstâncias e do impacto nos resultados imediatos.[3] A insistência dos fundadores da HP tornou a proposta de buscar contribuições originais para o avanço da sociedade uma verdadeira obsessão naquela empresa.

Quando a cultura é forte, cria a sensação de um culto compartilhado (lembra-se do que escreveu Jim Collins?). Ambientes em que a cultura é forte são ótimos para as pessoas que se alinham, mas podem ser péssimos para aqueles que não conseguem fazê-lo. Esses desajustados acabam sendo "rejeitados como um vírus" (COLLINS, 2020, p. 91), com os anticorpos empresariais fazendo todo o necessário para preservar a essência cultural da empresa.

O que torna uma equipe diferente da outra? O que torna uma empresa diferente da outra? Essas perguntas já foram feitas muitas vezes e respondidas de diversas maneiras. Em todas elas, contudo, aparece o elemento cultural como parte da personalidade da empresa. É a cultura que fará um grupo ser criativo e dinâmico, não importa o tamanho da organização. É a cultura que fará eventualmente as pessoas colocarem os interesses da empresa à frente de seus próprios interesses. É a cultura que faz com que mesmo um gerente de altíssimo desempe-

3. Situação envolvendo David Packard, narrada por Collins, no livro *Feitas para durar* (2020, p. 193).

nho seja despedido, por não se encaixar na forma como as coisas devem ser feitas em determinada empresa. E isso, como apontou Welch, é bom.

Cuide da cultura da sua organização da mesma forma que você cuida do seu corpo. Se não houver cuidado, não haverá saúde. Quando se reúnem pessoas em grupo, forma-se um *nós*. A cultura é a identidade do "nós". Essa primeira pessoa do plural se define pela integração de identidades, costumes e práticas da pluralidade de pessoas que estão nela integradas. Com o tempo, esse "nós" ganha vida e poder próprios, passando a ser um significado em vez de significante. E passa a fazer parte de uma personalidade, constituindo a estética da organização.

As pessoas levam a cultura por onde andam. Em uma reunião nos escritórios de uma empresa parceira, o seu colaborador leva a cultura de sua empresa com ele. A forma como interage, negocia, propõe, cede, tudo vai depender da cultura em que está inserido. Os funcionários são embaixadores da empresa e aquilo que apresentam em suas respectivas embaixadas é o substrato da cultura.

Pense que você vai carregar seu jardim com você, por onde quer que vá. Uma versão miniaturizada de seu jardim em suas mãos. O que as pessoas vão ver? Elas vão ficar encantadas? Elas vão desejar ter um jardim como aquele? A cultura de sua empresa é atrativa ou repulsiva?

> **Relato de um colaborador anônimo da HP:** Trabalhar na HP é como estar em uma sala de som equipada não apenas com um, mas com dez alto-falantes, trabalhando para amplificar um ao outro e difundir as mesmas mensagens coerentes, ricocheteando por todos os cantos (COLLINS, 2020, p. 217).

A CULTURA NO CAFÉ DA MANHÃ

Peter Drucker, em mais um de seus aforismos magistrais, escreveu que a cultura come a estratégia no café da manhã. Os empresários brasileiros, Jorge Paulo Lemann, Marcel Telles e Beto Sicupira, introjetaram essa máxima de uma forma um pouco diferente: "a cultura é a estratégia" (CORREA, 2013, p. 11). O que isso quer dizer?

A estratégia envolve uma racionalização, uma elaboração consciente de planos, com a utilização de elementos dos ambientes externo e interno. As fórmulas estratégicas refletem uma *cognição* possível para a empresa em um determinado momento. Usualmente, estratégias demandam algum tipo de acompanhamento para sua implementação efetiva (planos de ação, indicadores, *scorecards* etc.). Pode-se dizer que estratégias geram orientações objetivas de ação.

A cultura, entretanto, é um campo de efeitos autossustentável, que coloca a racionalidade a seu serviço. Também é uma espécie de cognição empresarial, porém permeada por tudo o que existe e acontece na empresa. Prolongando a analogia, seria como se a estratégia fosse algo criado exclusivamente com base na razão, enquanto que a cultura fosse algo que nasce de razão, emoções, hormônios, interações... A cultura reflete a completude da empresa e é por isso que ela será sempre maior do que a estratégia (podendo, inclusive, devorá-la como um petisco).

Fazendo um experimento mental: um alienígena ultrainteligente e conhecedor das mais avançadas técnicas estratégicas disponíveis no Universo, chega à empresa e elabora a estratégia mais perfeita possível. Esta, contudo, somente prosperará se conseguir dialogar com os diversos elementos culturais da empresa, em seus níveis mais profundos (não é por menos que cultura também é conhecida como uma metáfora para raiz).

Jorge Paulo Lemann, Marcel Telles e Beto Sicupira, sócios da Inbev: A cultura é a estratégia (CORREA, 2013, p. 11).

Como cuidar do jardim? Lembre-se que o jardim está em tudo. O jardim é como uma onda sonora amplificada e repetida, ricocheteando por todos os cantos. A cultura está presente fisicamente nos artefatos, nos símbolos, no tamanho das salas, nas vagas reservadas, na mesa da diretoria. A cultura está presente, abstratamente, nos processos decisórios, na alocação de atenção e no tempo por parte dos gestores, nas histórias míticas dos fundadores.

Para cuidar do jardim, é importante sempre lembrar que o jardim inteiro precisa ser cuidado e continuamente. Um dia sem água, e algumas plantas já começam a decair. Um pedacinho esquecido e uma erva daninha encontra espaço para aparecer. A regra é: cultive o seu jardim.

REGRA Nº 3. VIDA REAL

A Intel tornou-se uma potência mundial, reconhecida por engenharia de precisão e de alta qualidade, e também por uma ética de trabalho participativo, eficiente e com alto nível de resultado. Andy Grove, seu presidente por vários anos, escreveu um livro cujo título afirmava que só os paranoicos sobrevivem. Mais do que marketing, a escolha tem em si um valor simbólico importante, que reverberou, em primeiro lugar, dentro da própria Intel: quer trabalhar aqui? Seja um paranoico. Na verdade, paranoia é uma disfunção, em que pensamentos recorrentes levam até os delírios, com as pessoas vivendo níveis insuportáveis de ansiedade. Grove não poderia querer que as pessoas que trabalhavam com ele fossem todas afetadas por uma doença mental. Antes, quis passar uma sinalização, um simbolismo, sintetizando, em uma imagem, o que se esperava das pessoas que pretendiam se sair bem dentro da Intel – buscarem tanto a eficiência e a qualidade de engenharia a ponto de serem vistas como paranoicas. Outro símbolo deixado por Grove foi o de fazer reuniões em salas sem cadeiras. Em pé, as pessoas se tornavam mais objetivas e evitava-se o risco de reuniões enfadonhas, com desperdício de tempo e recursos. A ação simbólica de Andy Grove tinha o propósito de nutrir um tipo específico de cultura corporativa na Intel.

CAPÍTULO 04

A ESTRUTURA É PARA VOAR

BUROCRACIAS E SOLUÇÃO DE PROBLEMAS

Hierarquias e burocracias fazem parte da trajetória humana. Dialogam com a noção compreendida, desde tempos ancestrais, de que a divisão de tarefas produz resultados coletivos melhores. Porém a divisão de tarefas implica a necessidade de instrumentos de coordenação, como as hierarquias. Mais recentemente, Max Weber discorreu sobre uma forma de funcionamento ideal para as hierarquias: as burocracias.

O já citado Alfred Sloan captou bem o dilema entre a divisão de tarefas e a necessidade de coordenação quando propôs como a GM iria funcionar. Ele chamou este sistema de descentralização coordenada.

Alfred Sloan: 1. A responsabilidade atribuída ao executivo principal de cada operação não será limitada de maneira nenhuma. Cada uma dessas organizações, chefiada por seu executivo principal, deverá ser completa, com todas as funções necessárias, e capacitada para exercer toda a sua iniciativa e seu desenvolvimento lógico. 2. Certas funções centrais da organização são absolutamente essenciais para o desenvolvimento lógico, para o controle adequado das atividades da corporação (SLOAN, 2001, p. 44).

O que ele queria dizer? A estrutura não deveria ser empecilho para a atuação dos principais executivos à frente das principais operações. Naquele tempo, a General Motors era na prática um conglomerado de marcas e fabricantes diferentes, reunidos sob os mesmos guarda-chuvas por processos de aquisição. Entretanto a estrutura centralizada seria imprescindível (absolutamente essencial) para que a corporação seguisse voando.

Um parêntesis: Alfred Sloan escreveu um influente livro de memórias, *Meus anos com a General Motors*, pejorativamente chamado por Peter Drucker de uma das biografias mais insossas já escritas. O fato é que o livro narra sua trajetória na empresa e sua vida em função dela. A cada capítulo, Sloan vai colocando o organograma e como este foi evoluindo. A sensação que fica é que o sentido de sua vida era alcançar o organograma perfeito.

Quando uma organização burocrática se depara com um problema, o caminho usual para a solução é tentar enquadrá-lo nas categorias conhecidas e dividi-lo em partes, que deverão ser tratadas pelos diversos *bureaus* (divisão de tarefas). Uma atitude usual para lidar com problemas novos, por exemplo, é a criação de uma posição adicional no organograma (mais um retângulo para a árvore de Natal corporativa). Mesmo com críticas, o fato é que a burocracia dá conta de muitos problemas e desafios, o que assegura a sua permanência como uma solução para organizar encontrada pela sociedade.

A burocracia aplicada à Administração ganhou respaldo técnico-científico a partir do trabalho de Max Weber. Para o sociólogo alemão, a burocracia era um modo de se conseguir que uma determinada organização funcionasse da maneira mais eficiente possível: como uma máquina. Weber também concebia que as organizações burocráticas deveriam ser capazes de alcançar os objetivos propostos, independentemente, de quem os propusesse.

Weber fez um contraponto ao patrimonialismo que havia caracterizado a administração pública nos tempos das monarquias absolutas. A administração era considerada como pertencente totalmente ao príncipe e existiam cargos vitalícios, ocupados por membros da nobreza ou até mesmo comercializados. As decisões eram discricionárias, tomadas caso a caso, dependendo dos humores e dos relacionamentos de quem ocupava o cargo. Isso porque o poder era exercido com base na tradição. Tudo isso era muito ruim em termos de previsibilidade de resultados e até mesmo da própria forma de funcionamento, ou seja, incompatível com a noção de uma empresa moderna. O capitalista empreendedor é alguém que faz cálculos de custo e benefício e necessita justamente da previsibilidade para poder realizar projeções confiáveis quanto ao futuro.

Com a burocracia, a estrutura fica explicitada em códigos hierárquicos e a organização passa a refletir um mundo de hierarquias. A família é hierárquica. A religião e a escola também são hierárquicas. Desses símiles, Weber bebeu sua inspiração para a organização burocrática, mas o pensador imaginava um modelo de dominação fundamentada na racionalidade e não em características pessoais. As funções seriam desempenhadas segundo regras previamente definidas e no âmbito de determinada competência. Haveria instâncias fixas de supervisão e controle para cada autoridade institucional e os processos seriam documentados. Enfim, a máquina funcionaria de determinada maneira conhecida por todos e geraria resultados previsíveis.

A restrição do campo de competência era fundamental para facilitar a supervisão e o controle, e também para possibilitar a fragmentação dos problemas em partes pequenas, passíveis de serem trabalhadas pelos setores. E foi também a responsável pela proliferação de setores, isto é, cada vez mais caixinhas no organograma. Por sua vez, com esse acréscimo no organograma, as caixinhas resultam em mais poder para as caixinhas de cima, o que acaba produzindo uma tendência de aumento constante. No fim, as empresas vão ficando cada vez mais cheias de caixinhas. Esse é um dos efeitos colaterais das burocracias.

Outras questões envolvendo burocracias começaram a ser discutidas e pensadas ao longo do século XX (pode-se dizer que o século XX é o século do triunfo da concepção burocrática). As estruturas hierárquicas verticalizadas geram oligarquias autoperpetuadoras, que tendem a ser autocráticas em vez de democráticas. O poder final de decisão sobre cada aspecto da ação fica nas mãos de um pequeníssimo grupo, quando não exclusivamente nas mãos de uma só pessoa, que acaba tomando todas as decisões importantes. Essa hiperconcentração do poder decisório despreza a capacidade de tomar boas decisões de quase todo mundo na empresa.

Por exemplo, em uma sociedade moderna, o cidadão é tratado como um adulto capaz de tomar suas decisões e instado a formar suas próprias opiniões com liberdade, participando ativamente da vida política. No entanto, dentro da empresa ele é advertido a manter a boca fechada e a obedecer, seguindo a máxima "manda quem pode, obedece quem tem juízo". Como disserto na Regra nº 8 – *Decida o mais rapidamente possível e com o máximo de participação*, cada voz relevante que não é ouvida é, na prática, um empobrecimento da decisão que foi tomada.

Abri esta regra falando de burocracia, porque ela é o eixo vertebral da estrutura das empresas. Ao se falar em estrutura, na verdade, fala-se de diferentes possibilidades de configuração da organização burocrática. Como eu já disse, a opção por burocracias se deu por conta de que estas são bem-sucedidas em suas tarefas. Em princípio, elas são um modelo melhor do que o anterior, o patrimonialista. Contudo, como muitas coisas na vida, nas raízes do que o tipo ideal de burocracia tinha de bom, estava também aquilo que poderia distorcer o sistema.

Até por isso, burocracias não são inquestionáveis. Pelo contrário, toda estrutura deve ser constantemente questionada se cumpre seu papel com o menor esforço. Domenico De Masi, pensador italiano, afirma que nas empresas as regras e as estruturas organizativas devem ser consideradas como hipóteses falsificáveis (MASI, 2022, p. 789). E eu concordo com ele.

ESTRUTURA COMO UM PESO NAS COSTAS

Carl von Clausewitz, estrategista militar prussiano: O comando repartido... parece... facilitar grandemente o papel do comando supremo... mas é uma vantagem que o general-chefe tem de pagar caro e duplamente. Primeiramente, uma ordem dada perde tanto mais de prontidão, de vigor e de precisão quanto mais longa é a escala que ela tem de descer... Cada escalão hierárquico, que uma ordem tem de transpor, enfraquece esta ordem de duas maneiras: em primeiro lugar, pela perda de força que o escalão suplementar arrasta, em seguida, pelo suplemento de tempo que a transmissão da ordem necessita (CLAUSEWITZ, C. *Da Guerra*, 1979, p. 353).

Duas grandes inspirações práticas para as modernas organizações burocráticas e hierárquicas foram a Igreja Católica Apostólica Romana e as Forças Armadas. Clausewitz, o famoso teórico da guerra, teve um papel importante na análise do exército prussiano e na sua transformação em uma hierarquia disciplinada e funcional. Ele reconhece o benefício da divisão de tarefas (o comando repartido), mas chama a atenção para o preço a ser pago: a perda de prontidão, vigor e precisão; e a demora. O teórico foi muito presciente, pois a maior parte das críticas às burocracias concentram-se em suas características negativas.

A carga e a opacidade são qualitativos que logo aderem a qualquer estrutura. Isso está presente nas acepções que lembramos primeiro quando pensamos em estrutura: algo que foi construído para dar sustentação, resistir a cargas. Pela lógica, espera-se que as estruturas sejam sólidas, resistentes, pesadas e opacas como os fundamentos de concreto de um edifício.

Quando implantada, a estrutura semantiza-se, ou seja, ganha sentido em si mesma, passando a mediar a experiência do sujeito em sua apreensão da realidade. Um determinado tipo de fundamento vai dar sustentação a um tipo específico de construção. Nas empresas, a estrutura passa a ser um determinante das "regras do jogo", aquelas por meio das quais os atores passam a se comportar em busca de resultados.

Aqui existe um risco central para burocracias de perfil tradicional: a autorreferência. Criadas para resolverem problemas, as burocracias vão perseguir problemas e, se estes não existirem, vão criá-los, em função de sua própria necessidade de sobrevivência. Quando isso acontece, a burocracia se desumaniza e passa a desautorizar qualquer reconciliação possível entre a sociedade (clientes) e as empresas. E o organograma fica para sempre marcado pelas cicatrizes do processo que lhe deu origem.

> **David Glass:** Se não nos concentrarmos na burocracia de vez em quando, certamente ela crescerá em níveis. Ninguém se propõe a criar burocracia. Ela simplesmente surge. Ponto. Mesmo sem saber. Por isso é preciso estar sempre atento para eliminá-la (WALTON, 2018, p. 205).

Aquela estrutura, concebida para que as organizações funcionassem melhor, acaba virando um dificultador, algo que atrapalha as empresas na busca de seu melhor desempenho. Vai precisar de muitas pessoas para serem consultadas, muitas e longas linhas de comunicação para serem percorridas. Muitas reuniões para a tomada de decisões. Muito tempo em espera. Latência.

A estrutura é para voar, para permitir que as empresas consigam alcançar da melhor forma, e com a máxima eficiência e elegância, seus objetivos e cumprir com o seu propósito. Um dos motivos para se atuar de forma "organizada" é que os resultados sejam melhores do que os da ação "desorganizada". Se a estrutura, fundamento da organização, não contribui para resultados melhores, então ela é disfuncional. A empresa vai se tornar cada vez menos capaz de alcançar resultados, estancando em um equilíbrio entrópico de monotonia cinzenta.

O PARAÍSO ORIGINAL: É POSSÍVEL A EXISTÊNCIA SEM ESTRUTURA?

> **Henry Ford:** Eis a razão pela qual as fábricas Ford não possuem nem organização, nem atribuições específicas adstritas a cargos, nem ordem de sucessão ou hierarquia determinada. Pouquíssimos títulos e nada de conferências. Só temos a organização de escritórios estritamente necessária, sem "dossiers" complicados nem formalismo algum (FORD, 1954, p. 78).

Citar Ford aqui é para buscar despertar o contraintuitivo mesmo. Afinal, ele viria a ser reconhecido como o pai da linha de montagem, a quintessência do trabalho formalizado e fragmentado. Ao menos no discurso, entretanto, Ford vislumbrava uma organização em que não existiria "nem ordem de sucessão" ou "hierarquia determinada". Talvez essa visão se relacione à centralidade que o fazer da Ford tinha para ele — sua preocupação exclusiva era a fabricação de carros. Seu pensamento girava em torno de como fazer mais e melhor. Suas memórias registram inúmeros exemplos de como ele ficava divagando com as ideias, fluindo e refluindo em torno do processo de fazer carros. Não foi à toa que ele revolucionou o processo industrial, firmando a linha de montagem e a produção em série como paradigmas. Talvez Ford estivesse apenas fazendo um discurso para a posteridade. O fato é que ele insistiria no assunto.

> **Henry Ford:** Quando há necessidade de se reunir, para o trabalho comum, um grande número de operários, o mais difícil de combater é o excesso de organização e consequente formalismo. Não há, a meu ver, disposição de espírito mais perigosa do que a dos chamados "gênios organizadores". Eles se manifestam sempre com a arquitetação de um vasto esquema em forma de árvore genealógica, em que se traçam todas as ramificações da autoridade. A árvore ostenta uma série de belas cerejas redondas, cada qual com o nome de um homem ou de um cargo. Cada indivíduo traz um título e exerce as funções estritamente limitadas pela circunferência da sua cereja (FORD, 1954, p. 77).

Excesso de formalismo. Aversão à tecnoestrutura ("gênios organizadores"). Dificuldades com a versão piramidal da hierarquia ("esquema em forma de árvore genealógica"). Medo do processo de feudalização e da autorreferência setorial ("funções estritamente limitadas pela circunferência da sua cereja"). Tudo isso aparece no pensamento de Ford. O modo irônico, e até um pouco ácido, como ele se refere à burocracia revela que, na sua visão, havia um grau de incompatibilidade entre burocracia excessiva e produção necessária: excesso de organização e consequente formalismo. Percebe-se claramente uma aspiração à permanência da falta de estrutura, como elemento de liberdade — afinal, qualquer estrutura acaba gerando um acoplamento e uma restrição.

> **Walt Disney**: Não temos nenhum presidente, nem outros cargos... Na verdade, não somos sequer uma corporação. Acho que você não poderia dizer que somos uma companhia. Manifestamos as nossas opiniões e, às vezes, temos as nossas brigas ao estilo antigo, mas no final as coisas são acertadas e temos alguma coisa da qual nos orgulhamos (GABLER, *Walt Disney: o triunfo da imaginação americana*, 2016, p. 161).

Esse tipo de visão estava presente também no pensamento de Walt Disney. Um lugar "sem presidente" e "sem quaisquer outros cargos". Não era nem sequer uma empresa. Ele não queria que os seus estúdios fossem entendidos como uma empresa, e sim como uma fraternidade (ver Regra nº 2 – *Seja um missionário, mas deixe a mente aberta*). Era um lugar para produzir filmes; filmes estes que dariam orgulho para todos que participaram de sua produção.

> **Sam Walton:** No que se relaciona com a organização da companhia, simplesmente não tínhamos tempo para isso. Estávamos ocupados demais com as operações do dia a dia (WALTON, 2018, p. 47).

Outro pertencente ao grupo dos lendários fundadores de grandes empresas foi Sam Walton que, lembrando-se dos primeiros tempos do Walmart, registrou que simplesmente não havia tempo para se preocupar com a organização da empresa. Observe-se que há um padrão aqui: a vivência de um momento em que a empresa está nascendo, quando as coisas acontecem de forma fluida. Na verdade, não há ainda organização no sentido estrito. Há o fazer com toda a sua precedência, arrebatando corações e mentes dos envolvidos. Os resultados acontecem e acabam gerando mais compromisso das pessoas que se envolvem ainda mais profundamente. Um ciclo virtuoso.

Esse espírito presente do início das empresas passou a ser muito associado às *start-ups*, particularmente por conta do *boom* incrível das empresas de tecnologia no final do século XX e início do século XXI. Histórias muito similares sobre começos em garagens, com estruturas improvisadas, pizzas repartidas e muita confusão envolvida, acabam despertando novos empreendedores desejosos de serem a bola da vez. Vou falar um pouco mais sobre isso na Regra nº 5 – *Mantenha a alma de quando começou*. Por enquanto, é importante entender que essa experiência mística de ver as coisas acontecendo em grande escala e sem muita preocupação com a organização, pode gerar a sensação de que seria possível permanecer nesse paraíso organizacional para sempre.

> **Michael Dell, fundador da Dell Inc.:** Quando uma empresa cresce, ela se torna compartimentalizada (DELL, M. *Jogue limpo, mas vença*, 2022, p. 223).

Então a empresa cresce. O tempo passa. Manter-se no paraíso simplesmente não é uma opção. Quem tentar ficar vai acabar sendo expulso por um querubim com uma espada de fogo na mão. Michael Dell constatou isso de forma lacônica: "a empresa cresce e se torna compartimentalizada". Burocratizada. Estruturada. Porém o próprio Dell, em outro momento de sua biografia, reconhece que esse deveria ser o caminho.

> **Michael Dell:** Uma coisa que descobrimos foi que nosso modelo organizacional plano, que permitia que os gerentes de todos os níveis tomassem decisões operacionais sem precisar da aprovação vinda de cima, nos ajudou a avançar rápida e eficientemente como empresa, mas também levou a alguns excessos. Havia um número grande demais de gerentes com ótimos resultados nos negócios, mas que criavam muitos problemas no caminho – não estavam sendo colaborativos com os colegas (DELL, 2022, p. 219).

Tentar ficar no paraíso da falta de estrutura significava estar exposto a conflitos interpessoais e, portanto, a comandos contraditórios com perda de eficiência. Havia a vantagem da velocidade, mas esta vai sendo crescentemente contrabalançada pelos conflitos. Afinal, se não há estrutura, as decisões e ações vão acontecer a partir das iniciativas individuais. E as estruturas têm justamente o propósito de ajudar pessoas normais a completarem suas tarefas com sucesso, dia após dia.

> **Sam Walton:** Sempre que uma companhia cresce tão depressa quanto o Walmart, acumulam-se nela bolsões de duplicação, e certas áreas podem deixar de ser necessárias. Nenhum patrão ou empregado gosta de deter-se nessas questões: é parte da natureza humana não querer que o seu cargo, ou o cargo das pessoas que trabalham para você, seja eliminado. Mas é responsabilidade absoluta da alta administração da companhia refletir constantemente sobre esse problema – para assegurar um futuro sólido à empresa como um todo (WALTON, 2018, p. 204).

Sam Walton, aquele mesmo que disse que não tinha tempo para pensar na organização da empresa, depois reconheceu que quando o Walmart passou por um crescimento exponencial, indo em direção à burocracia — particularmente a redundância burocrática —, passou a ser um problema. Agora a alta administração da empresa tinha que refletir constantemente sobre o nível de estrutura adequado e evitar quaisquer acúmulos de quadradinhos no organograma que não fossem absolutamente necessários.

Sam Walton e Michael Dell expressaram pontos de vista similares. Ambos foram fundadores de empresas. Ambos tiveram a oportunidade de ver as empresas que criaram crescerem para patamares inimagináveis *a priori*. Ambos constataram o modo como a burocracia vai proliferando, compartimentalizando os problemas e aumentando a quantidade de caixinhas. E ambos se preocuparam em evitar que esse aumento tivesse um impacto negativo em suas organizações.

INÉRCIA E RESISTÊNCIA À MUDANÇA

Se não é possível a ausência de estrutura, mas também não é desejável que esta seja um peso excessivo, a solução é manter as questões em aberto — ou compreender cada momento da estrutura como uma hipótese falseável, citando Domenico De Masi. Aquilo que torna as estruturas úteis (sua solidez e consistência) é também aquilo que faz com que seja difícil a realização de processos de mudança estrutural. Concebem-se estruturas justamente para se ter edifícios sólidos nos quais se entra e se vive cotidianamente, não para ser uma geleia sobre a qual seja preciso buscar novos equilíbrios a cada instante.

Um dos focos de resistência vem das pessoas, fortalecidas em suas caixinhas funcionais. Aqueles que estão bem posicionados usam sua competência atual para fazer uma reivindicação moral em relação ao seu status. "Olha o cargo que eu ocupo, eu sou muito bom para ocupá-lo e muito bom por ocupá-lo." Quanto mais alto na hierarquia, mais motivos se têm para desejar que nada mude. Percebe-se claramente isso na característica conservadora das elites empresariais — defender o *status quo* é sempre importante quando este lhe favorece.

Andy Grove: Na Intel, trabalhamos muito duro para quebrar as paredes entre aqueles que têm o poder do conhecimento e aqueles que têm o poder da organização (GROVE, 1999, p. 120).

As estruturas tradicionais das empresas colocam as prioridades funcionais acima de todas as outras necessidades. É o caminho da autorreferência. Isso faz com que cada funcionalidade se torne uma ardente defensora da estrutura. Processos de mudança são difíceis e desgastantes e, muitas vezes, fracassaram por conta disso. O novo tem defensores tímidos e o velho tem combatentes arraigados. Quebrar paredes pode ser divertido, mas é bem cansativo.

Muitas vezes, as pessoas também preferem ter clareza quanto à cadeia de comando, o que gera certo nível de conforto psicológico. O Google é um exemplo de como essa dialética opera. Seus fundadores eram contra estruturas por convicção. Imaginavam o mapa organizacional do Google como uma enorme folha coberta de bolinhas, cada bolinha representando uma equipe enxuta, atuando em um problema bem definido (cf. LEVY, S. *Google – A Biografia*, 2012, p. 208). Se a empresa crescesse, a folha seria simplesmente aumentada.

Porém, como aconteceu no caso de Michael Dell, os conflitos interpessoais tornaram-se fonte de improdutividade e ineficácia. Após um tempo, sob a orientação de um consultor, um dos fundadores chamado Larry Page, começou a perguntar para as pessoas: "Você quer ser gerenciado?". Para sua surpresa, as respostas foram unanimemente afirmativas. Intrigado, Page então perguntou pelo motivo. Em síntese, as pessoas disseram "que queriam alguém com quem aprender. Quando discordavam de seus colegas e a discussão chegava a um impasse, eles precisavam de alguém que pudesse desfazer os nós" (LEVY, 2012, p. 210). Nos termos que estou utilizando, as pessoas queriam desfrutar um pouco dos bônus de uma estrutura.

> **Ricardo Semler:** Achate a pirâmide. Os níveis extras que existem hoje são autoperpetuantes, nocivos e só servem para filtrar as informações, complicar o simples e achar maneiras de provar que são necessários quando sabem que não são (SEMLER, 2002, p. 165).

Semler percebeu bem: as camadas hierárquicas são autoperpetuantes. Ou, pelo menos, buscam em primeiro lugar manter a própria existência. Nem que para isso tenham que inventar problemas.

A empresa é um sistema teleológico, isto é, dirigido por um propósito (como ficou bem claro nas regras nº 1 – *Ganhar dinheiro para viver, e não viver para ganhar dinheiro,* e nº 2 – *Seja um missionário, mas deixe a mente aberta*). Para mudar, ela precisa ser capaz de perceber o seu estado atual e o estado do ambiente, bem como ter uma representação do estado pretendido (aquilo que ela quer ser). Com base nisso, a empresa pode computar a diferença entre sua situação atual e aquela que busca estabelecer as ações necessárias.

A década de 1980 foi um momento particularmente denso de iniciativas de mudança, com vários altos executivos sendo pressionados e julgados por sua capacidade de reestruturar, destravar e desierarquizar suas empresas. De repente, a tarefa mais importante da gestão era criar uma estrutura que fosse capaz de dar funcionalidade irresistível, otimizando a competitividade. Desde então, é inaceitável uma postura conformista em relação à estrutura atual: quando o mundo gira, a empresa deve girar também.

NOVOS PARADIGMAS ESTRUTURAIS

Há uma compatibilidade entre a estrutura e o tamanho da empresa. Uma pipa tem uma estrutura mínima (papel, bambu e linha), mas voa. A estrutura orgânica e não formalmente explicitada de uma microempresa pode ser suficiente para que ela voe — realize plenamente seus objetivos. Empresas maiores, com estruturas maiores (muita fuselagem), precisam de motores a jato para alçar voo.

O intuito da estrutura deve ser produzir leveza. A leveza do pássaro, e não da pluma. As empresas não vão flutuar ao acaso. Devem conseguir voar com suas próprias asas, alçar seus corpos ao ar e permanecer no céu pelo tempo que desejarem.

O século XXI trouxe consigo um novo paradigma organizacional: a rede. A seu modo, a rede também é hierárquica, mas um outro tipo de hierarquia. O que define a importância de um nó, elemento posicional em uma rede, são: a capacidade de influenciar, o poder do argumento e o valor da contribuição. O poder na rede se constrói pela lateralidade, não pela verticalidade.

O modelo racionalista-hierárquico, de fins e meios, sempre foi fictício (minha opinião), mas agora está fragilizado de vez diante de instâncias e atores competentes, afetados e interessados, que estão imersos em relações sociais de construção de sentidos para o viável (e até para o inviável!). Já na rede, as decisões e o rumo da navegação são definidos em um complexo processo criativo de modelos de leitura do real. Contra a lógica compulsória dos fatos consumados (estruturas coaguladas). A rede apega-se ao sonho de uma racionalidade lúcida no agir comunicativo.

Cada nó é um componente social do mundo da vida. O que eram apenas ecos, captados muito fracamente, ou simplesmente ignorados, pelas burocracias, passaram a ressoar e a se condensar, não podendo mais ser desprezados.

Reed Hastings: Quando você dá aos empregados de nível mais baixo aceso à informação que é usualmente reservada para executivos de alto nível, eles fazem mais por sua própria conta. Eles trabalham mais rápido, sem parar para pedir informações e aprovação. Eles tomam decisões melhores sem precisar de input dos níveis mais altos (HASTINGS; MEYER; 2020, p. 165).

As redes possibilitam que as decisões aconteçam no nível hierárquico mais baixo possível e que sigam um ritmo fluído e em conformidade com a necessidade. Decisões são tomadas na medida em que precisam ser tomadas. As pessoas compreendem o contexto de ação em que estão imersas, se envolvem e tomam as decisões. A rede é descentrada, mas não descerebrada. Nas pirâmides tradicionais, reuniões são necessárias em todos os níveis para que se possa recolher, agrupar, filtrar e transmitir as informações, à medida que elas fluem de cima para baixo na cadeia de comando. Na rede, essas reuniões se tornam desnecessárias. O desafio é conjugar a densidade e a complexidade de grandes estruturas com a leveza.

Peter Drucker, notório protagonista de discussões sobre transformações em organizações, argumentava que:

> (...) é um princípio estrutural sólido ter o mínimo de níveis possível, isto é, ter uma organização tão plana quanto possível — se não for por outra razão, apenas porque a teoria da informação nos diz

que 'cada passagem duplica o ruído e corta a mensagem ao meio' (DRUCKER, 2002, p. 276).

Oriundas dos princípios da administração clássica, notadamente o de comando e controle, as hierarquias multiníveis são focadas em estrita divisão de tarefas, padronização e quantidade de subordinados passíveis de serem controlados pelo chefe. Organizações em rede não se preocupam com a quantidade de pessoas que se reportam a um determinado chefe, mas com a capacidade de cada um para assumir a sua responsabilidade pessoal — autonomia. A noção de autonomia é muito cara às redes, concebidas para funcionarem mesmo quando uma de suas partes for destruída. Fluidez versus imobilidade, uma forma de escapar da lógica compulsória dos fatos consumados.

Para decepar a cabeça de Medusa sem se petrificar, Perseu se sustentou sobre o que há de mais leve: as nuvens e o vento. A hierarquia, com seus cargos e normas, tornou-se uma metáfora rígida para um sistema dinâmico. Forma não é finalística, é determinística, e para escapar do olhar inexorável da Medusa, que provoca uma petrificação mecanizada, caracterizada por uma convulsiva espécie de autojustificação, a gestão deve reunificar forma e função. Tudo com leveza.

Talvez esta regra seja uma das mais difíceis de ser compreendida e corretamente aplicada. O trabalho de Michael Hammer sobre reengenharia é um exemplo de como as coisas podem dar errado. Tentar criar leveza através de uma descentralização desvairada pode resultar em situações como a vivenciada pelo Grupo ABB (Asea Brown Boveri), na qual a permissão para que decisões fossem tomadas localmente produziu um "*backoffice* fragmentado com 576 ERPs, 60 sistemas de folha de pagamento e mais de 600 softwares de planilha" (ROSENZWEIG, 2007, p. 47). É possível para uma empresa voar assim?

Achate a pirâmide. Encontre leveza ao jogar para fora todo o peso morto — aquele peso extra que você carrega consigo sem necessidade. Muita burocracia, na prática, é peso. Peso não é algo ruim, necessariamente, mas dificulta o movimento. E a falta de movimento pode significar a morte. Como qualquer um que já tenha passado por uma dieta sabe, combater o peso em excesso deve ser uma mentalidade permanente.

Antônio Ermírio de Moraes, em diálogo com a então Presidente da República, Dilma Rousseff: Se eu tivesse de despachar com 35 executivos na Votorantim, estaria perdido (PASTORE, 2013, p. 64).

Antônio Ermírio de Moraes fez falta ao mundo político, no qual não conseguiu ingressar, ao menos não em um cargo eletivo. No entanto nunca deixou de expressar suas opiniões, como quando teve essa oportunidade de se reunir com a então presidente do Brasil, Dilma Rousseff, e falar sobre a gestão do Poder Executivo, que estava organizado em trinta e cinco ministérios.

"Evite os trinta e cinco ministros..." Trinta e cinco ministros para serem "carregados" pela caixinha superior é um peso gigantesco: divide-se a força de um por trinta e cinco. Trinta e cinco ministros em rede, direcionando os esforços, cada um mobilizando-se de forma autônoma: multiplica-se a força de um por trinta e cinco. A diferença é exponencial.

CAÇADORES DE BUROCRACIA

"Muita burocracia é o produto do ego de algum construtor de impérios", teria dito Sam Walton. Já Jack Welch afirmava que "sucessivas camadas de burocracia e códigos ultrapassados de comportamento produziram uma espécie de polidez e formalidade forçadas na maioria das empresas" (WELCH, 2020, p. 40).

Como conseguir a proeza de manter a estrutura sob controle e cumprindo sua função essencial de manter as empresas em voo? Uma tarefa cotidiana, por isso requer atenção constante. Afinal, a sedimentação estrutural está sempre em andamento. Cada dia um pouco mais sedimentado. Mais sólido. Mais pesado.

Jack Welch : O processo Work-Out... grupos de trinta a cem funcionários se reuniam com um facilitador externo para falar sobre maneiras melhores de fazer as coisas e sobre como eliminar parte da burocracia e das barreiras. O chefe estaria presente no início de cada sessão para apresentar as premissas do Work-Out. E também se comprometeria com duas coisas: responder de imediato com sim ou não a 75% das recomendações oriundas da sessão e resolver os 25% restantes em até trinta dias (WELCH, 2020, p. 63).

Welch pensou no incentivo permanente à reflexão sobre o fazer: buscar as melhores maneiras de se fazer as coisas. E criou um sistema que forçava as caixinhas superiores do organograma a se posicionarem sobre o assunto. Com isso, superava resistências de elementos estruturais que tinham bons motivos para terem medo de mudanças. Afinal, mudanças na estrutura podem, muitas vezes, significar mudanças nas pessoas que preenchem as estruturas. Os chefes tinham que responder sim ou não a todas as propostas apresentadas. Sem lero-lero.

Laszlo Bock: Bureaucracy busters (algo como Demolidores de Burocracia), que agora se repete todos os anos, no qual os googlers identificam seus maiores entraves e ajudam a eliminá-los. Na primeira rodada, eles apresentaram 570 ideias e votaram mais de 55 mil vezes (BOCK, 2019, p. 52).

O Google criou um programa específico e lhe deu um nome engraçado, que por si só foi suficiente para gerar o engajamento das pessoas: os Demolidores de Burocracia (havia um programa famoso na televisão paga norte-americana chamado *Myth Busters* — demolidores de mitos). Todos os funcionários do Google eram incentivados a participar.

O esforço é difícil. Compartilhe entre todos (Google). Atribua responsabilidades específicas (General Electric). Encontre o seu caminho para criar a consciência de que a leveza é um atributo indispensável para a sobrevivência empresarial no século XXI. Google, General Electric, Intel, Dell, Disney, os exemplos de empresas que buscaram criar formas de combater o peso da burocracia são amplos. Contudo ainda é muito menor do que empresas que sustentam o paradigma tradicional, em que a cada ponto de crescimento no faturamento deve haver um correspondente aumento na quantidade de caixinhas do organograma.

Phil Knight: Minha pequena empresa de calçados era algo vivo, que respirava, que eu criara a partir do nada. Eu dera vida a ela, alimentara-a quando estivera doente e a trouxera de volta do mundo dos mortos várias vezes, e agora eu queria, precisava, vê-la erguer-se sobre os próprios pés e sair pelo mundo (KNIGHT, 2016, p. 130).

Estruturas deveriam ser compreendidas como um sistema operacional, uma tecnologia social. Não como algo rígido e estanque. A ideia é que todas as empresas sejam como a Nike: capazes de se levantar e sair pelo mundo. Voando, de preferência. A regra é que a estrutura é para voar.

REGRA Nº 4. VIDA REAL

Alfred Sloan praticamente refundou a GM. No processo, foi desenhando organogramas: literalmente. No seu livro de memórias, cada capítulo termina com uma versão reformulada do organograma da empresa. Fica muito claro como ele concebia decisões estruturais e então ia materializando-as em novos organogramas. Nesse processo, Sloan criou junto os fundamentos da ciência administrativa moderna, apontando para como seria possível o funcionamento de organizações muito grandes, oscilando entre necessidade de autonomia local (descentralização) e necessidade de coordenação geral (centralização). Uma das importantes mensagens que Sloan deixou foi que as estruturas são importantes. Ainda que o discurso de seu rival, Henry Ford, fosse de que a fabricação era o mais importante e a estrutura não deveria atrapalhar. Vivemos para entender que ambos tinham razão: as empresas precisam de uma estrutura sólida para suportar todas as suas atividades e seu processo de crescimento (Sloan). Afinal, a estrutura afeta diretamente o desempenho. Até por isso, é importante que exista um foco em flexibilidade e agilidade, para que as estruturas de fato contribuam para um bom desempenho e não sejam, ao contrário, pesos-mortos (Ford).

CAPÍTULO 05

MANTENHA A ALMA DE QUANDO COMEÇOU

SER PEQUENO: UM SANTO GRAAL?

> **Larry Page, fundador do Google:** O Google se tornou uma grande empresa pensando como uma pequena empresa (LEVY, 2012, p. 355).
>
> **Sam Walton:** Quanto maior o Walmart fica, mais essencial é que pensemos pequeno. Porque foi exatamente assim que nos tornamos uma grande empresa – por não agirmos como tal (WALTON, 2018, p. 192).
>
> **Andy Grove:** Eu ainda penso sobre nós como uma start-up criativa e dinâmica, que acabou de crescer um pouco mais do que as outras start-ups criativas e dinâmicas (GROVE, 1999, p. 17).

Além de Larry Page, Sam Walton e Andy Grove — citados aqui —, Bill Gates, Jeff Bezos e Walt Disney são outros que realçaram a importância de se pensar como uma pequena empresa; e a lista pode seguir por muitos nomes ainda. Há praticamente um consenso de que as empresas bem-sucedidas precisam manter o ímpeto, o frescor e a coragem típicos da juventude: em outras palavras, precisam ter alma de pequena.

Qual é a mística? Nas empresas pequenas, as interações são diretas, não há hierarquia e a ação é focada na resolução de problemas, com resultados imediatos. Somente o efeito desse feedback instantâneo entre ação e resultados já é fortemente estimulante. Muitas pesquisas apontaram que o cérebro humano adora esse tipo de retorno. Não é por menos que a vida presente esteja cada vez mais marcada pelo tempo real, pela instantaneidade da *touch screen* e pela cultura do videogame. Atualmente, é profundamente aflitivo pensar em questões cuja resposta demore cem dias, pois a 'rapidez diminuiu a terra' (MATTELART, A. *História da sociedade da informação*, 2002, p. 215) e se faz onipresente.

Quando se é pequeno, não faz sentido delinear toda uma estrutura hierárquica, tampouco se pensar em formalismos. As "ordens" são orais, a ação é "coordenada": ordenada conjuntamente, de modo cooperativo e extremamente focada no que é necessário fazer de fato. Não há regras, regulamentos ou mesmo processos rigidamente estruturados. As pessoas participam intensamente e enxergam claramente o resultado de sua participação — ciclo que gera engajamento crescente. Por essas razões, as pessoas que participam de grupos iniciais em empresas de sucesso são unânimes em relatar uma forte energia e um forte sentimento de atuar por uma causa (ver Regra nº 2 – *Seja um missionário, mas deixe a mente aberta*). Também são comuns os relatos de casos de dedicação extraordinária, sacrificial mesmo, de pessoas que estavam nesses contextos.

A mentalidade é genuinamente compartilhada, as pessoas desenvolvem uma identidade comum e uma compreensão mútua quase perfeita. Almas e cérebros ressoam, comprometidos na mesma participação criativa, com resultados exponenciais, pelo efeito da multiplicação de inconscientes e lógicas. Os membros desses pequenos grupos iniciais desenvolvem um senso de propriedade (ver Regra nº 10 – *Não crie formigueiros*) e, de fato, muitos acabam se tornando grandes acionistas.

Vendo os produtos acontecerem, as pessoas se apropriam dos resultados e conseguem vislumbrar claramente o sentido de seu trabalho. Como prevista por Marx, a alienação de um trabalhador faz com que ele execute uma tarefa fragmentada e não consiga ter consciência do resultado final do seu trabalho e muito menos se apropriar do produto que gera; o que não acontece nesse ambiente. Antes, há uma sensação de integralidade, todos sabem e veem o efeito de cada parte no resultado total — o sentimento de propósito é visceral.

A informalidade é positiva. Nos ambientes informais, as pessoas sentem-se livres para serem como são. O formalismo é algo que agrega uma camada protecional, mas o que protege também é o que afasta. Quando se cresce, o formalismo vai se tornando necessário e aderindo aos processos (veja Regra nº 6 – *Seja um soldado do processo sem ficar soldado ao processo*), aos cargos e às pessoas. Na empresa pequena, o formalismo não existe — a pressão da necessidade o torna impossível. Ou impraticável.

O formalismo faz com que as pessoas se revistam com uma segunda pele (a formalidade). Essa característica levou alguns pensadores em gestão, particularmente em seus primórdios, a imaginar que seria possível se operar uma completa separação — a pessoa no trabalho e a pessoa em sua residência. No ambiente laboral, a pessoa seria estritamente formal, o que supostamente a tornaria competente para seguir executando o seu trabalho, independentemente, de como ela estivesse se sentindo. Em outros termos, a pessoa continuaria funcionando como uma peça de uma máquina (visão de Weber): afinal, em uma máquina, as peças funcionam juntas, respeitando leis formais da Física. Atualmente, essa visão está ultrapassada. Seres humanos são integrais: no trabalho carregam consigo todos os problemas e dificuldades de suas vidas pessoais. E em casa, continuam pensando nos problemas e dificuldades do escritório ou da fábrica.

O fato destacado aqui, entretanto, é a ausência do formalismo nas empresas pequenas e o que isso acarreta de positivo. Provavelmente, o sentimento de pertencimento a uma família, vivências integrais, autenticidade. As pessoas trazem a empresa para suas vidas, a ponto de as fronteiras entre vida pessoal e vida profissional desaparecerem. Outro ponto importante é a capacidade de inovação dos pequenos grupos. Historicamente, microambientes (como os ateliês nas cidades-Estados italianas), nos quais interagem pequenos grupos (comunidades epistemológicas), foram locais de grande atividade criativa. Nesses espaços, as pessoas encontravam estímulos e bases materiais propícias para desenvolver e realizar seu potencial criativo.

Nas pequenas empresas, fica-se muito próximo a uma situação que os economistas chamam de informação completa. Tudo o que acontece é comunicado a todos, que são capazes de compreender exatamente as diversas implicações situacionais. O compartilhamento do conhecimento é a pedra angular das interações, e o grupo desenvolve uma estrutura de referência, que contribui muito para a velocidade e a precisão das decisões. Nesse contexto, as pessoas se entendem melhor e conseguem aumentos extraordinários de eficiência.

Larry Page e Sam Walton não se manifestaram contra a empresa ser grande, mas sim enfatizaram que as suas empresas tinham se tornando grandes ao pensar como pequenas. E que esse pensamento deveria continuar preponderando, de modo a assegurar a continuidade dos avanços. Ao proporem isso, estavam dialogando diretamente com esses aspectos que já mencionei até aqui: há algo de sagrado em um negócio quando este se inicia. Empreender é fazer algo acontecer e, nas empresas pequenas, todos são forçosamente empreendedores missionários.

SE SER PEQUENO É BOM, ENTÃO POR QUE SE CRESCE?

> **Julia Collins:** No começo, a Zume vivia nas cabeças de nós dois. Se você fizesse ao Alex e a mim qualquer pergunta, nós lhe daríamos a mesma resposta; passávamos tanto tempo juntos que tudo era entendido. Isso funciona bem com duas pessoas. Depois que nosso diretor-chefe de operações chegou e nos tornamos "os três queijos", esse sistema ainda funcionava muito bem. Só que, uma vez adicionado o queijo Parmigiano-Reggiano à mozzarella, ao Romano e ao provolone, algo mudou. No momento em que tínhamos sete pessoas, se você nos perguntasse: "Qual é a principal coisa que precisamos realizar hoje?", bem, receberia oito respostas diferentes (DOERR, 2019, p.199).

O relato em primeira pessoa de Julia Collins apresenta a realidade como ela é. A empresa começa pequena, centrada na figura do fundador ou da dupla de fundadores. Nesse ponto, o propósito é literalmente visceral, mas necessidades vão se ampliando, até entrar um terceiro membro. Um quarto... Quando se chega ao oitavo funcionário, já existe a necessidade de algum nível de coordenação mais estruturada. A empresa cresce. Por quê?

Existem várias respostas possíveis para essa pergunta, que vão um pouco além do caráter orgânico que transparece na história da Zume Pizza. Os ganhos de escala com uma divisão de trabalho mais clara são uma das possibilidades. É uma resposta potente, pois dialoga com a causa subjacente da própria criação das organizações — o trabalho organizado apresenta uma produtividade muito superior ao trabalho desorganizado e ao individualizado.

O crescimento gera um aumento de produção e este, por consequência, um aumento nas receitas. O custo médio de produção vai cair, pois o custo fixo será dividido por uma quantidade maior de bens produzidos. Em algum momento, os ganhos de escala chegam ao seu máximo e a empresa começa a apresentar deseconomias de escala (porque os custos variáveis aumentam com cada unidade adicional produzida). Pode-se dizer que, nessa perspectiva, esse é o limite do crescimento. Microeconomia básica.

Mike Lee, fundador do MyFitnessPal: Em 2013, quando saltamos de 10 para 30 pessoas, presumi que havíamos nos tornado 200% mais produtivos. Eu subestimei o quanto a redução de velocidade atrapalha. Engenheiros novatos precisam de treinamento extensivo antes de serem tão proficientes quanto seus antecessores (DOERR, 2019, p.95).

No entanto o testemunho de Mike Lee, fundador do MyFitnessPal, demonstra o quanto o crescimento pode trazer frustração. Ronald Coase deu uma resposta um pouco diferente para a questão de por que as empresas crescem, baseada na noção de custos de transação, que lhe rendeu um Prêmio Nobel. Para ele, as empresas são sistemas de relacionamentos que passam a existir quando a direção dos recursos depende de um empreendedor. Portanto, as firmas são essencialmente um dispositivo para a criação de contratos de longo prazo, ante a ineficiência de contratos de curto prazo. A contratação a prazo mais longo reduz a incerteza, aumentando a previsibilidade para o empreendedor.

Porém, quando a empresa vai crescendo, há retornos decrescentes à função do empreendedor, relacionados aos custos de organizar transações adicionais internamente. O empreendedor começa a falhar na alocação dos fatores de produção nos lugares em que seu valor seja máximo. O limite ao crescimento vai acontecer, portanto, os custos de organizar uma transação extra dentro da empresa igualam o custo de realizar a mesma transação por meio de uma troca no mercado, ou por meio da transação com outra firma.

De uma forma um pouco diferente, as duas perspectivas tratam de uma mesma lei econômica: a lei dos rendimentos marginais decrescentes. Basicamente: cada unidade produzida adicional contribui para a redução dos custos, até certo ponto (matematicamente, o ponto em que a derivada da curva de produção se iguala a zero), quando a unidade adicional passa a representar uma perda. Resumindo: a empresa busca o crescimento, porque este significa a possibilidade de operar com custos menores — economias de escala. Ou porque a coordenação exercida pela liderança do empreendedor consegue resultados melhores do que o de transações independentes, com terceiras partes. Essas são respostas econômicas à questão: "por que se cresce"?

Há, entretanto, outra perspectiva: o crescimento gera poder. As empresas tornaram-se parte importante do mundo atual e há muitas delas cujo faturamento é superior ao Produto Interno Bruto (PIB) de muitos países. Essa posição permite que a empresa tenha uma autonomia de ação bem maior, além de funcionar como proteção em um ambiente altamente competitivo. Ser grande no mundo globalizado — e interconectado — significa ter acesso a recursos e capacidades espalhados pelo planeta, que podem ser metabolizados pela empresa e direcionados a novos investimentos.

Finalmente, empresas também crescem por ser esse o desejo de seus proprietários e gestores. Uma empresa maior significa maior potencial de retorno para as ações; possibilidades de lucros extraordinários; mais empregos; mais benefícios ao corpo social da empresa, particularmente os gestores. Seja qual for a razão do crescimento, o fato é que as empresas bem-sucedidas crescem e, poderia se imaginar, de forma mais simples, o que é apenas isso: sucesso atraindo mais sucesso, e seu desdobramento natural em crescimento.

Contudo um dos resultados mais amargos do sucesso empresarial é a perda da capacidade de continuar se movendo rapidamente, para alcançar novos mercados e criar novos produtos. Com o crescimento vem o amadurecimento que, muitas vezes, significa o convencimento de que aquilo que deu tão certo é a única forma certa de realizar um trabalho — é nesse ponto que o processo começa a soldar as pessoas (ver Regra nº 6 – *Seja um soldado do processo, mas não fique soldado ao processo*).

De certo modo, crescer seria inevitável. Porém, sendo inevitável, deve-se tentar manter sob controle os riscos inerentes a esse crescimento. Um dos antídotos para esse processo é a regra que trago agora: manter a alma de pequena.

SER PEQUENO É SER ÁGIL

> **Jack Welch:** Tornar-se a principal ou, no máximo, a segunda em todos os mercados que atendemos e revolucionar a GE (General Electric) para ter a velocidade e a agilidade de uma pequena empresa (COLLINS, 2020, p. 97).

O resultado de uma ação organizada deveria ser ter maior rapidez, alcançada minimamente via aumento da precisão e redução das ambiguidades. Isso aconteceu, por exemplo, quando as empresas começaram a se articular em torno da noção de linha de montagem — elas passaram a produzir em série — de forma rápida e em grande quantidade.

O famoso e já eternizado objetivo de Jack Welch para a GE traz, em si, um paradoxo. Ser a primeira ou, no máximo, a segunda em um mercado significa ser uma empresa grande. Porém ele queria que isso fosse alcançado com a velocidade e a agilidade de uma pequena empresa. Para isso, seria necessária uma atitude revolucionária.

Ser grande não deixou de ser importante. Clausewitz ensinava que "é melhor ser poderoso o tempo todo", principalmente, nos momentos críticos. Ser grande é ser poderoso: conseguir ter capacidade ofensiva para desbravar novos mercados, além de ser defensiva para resguardar os que já são seus. Manter-se como o primeiro ou o segundo protagonista do jogo.

Contudo a grandeza pode trazer consigo elementos nocivos, como a lentidão e a perda da criatividade (ver a Regra nº 4 – *A estrutura é para voar*). Por isso, Larry Page e Sam Walton não propuseram que as suas empresas se tornassem pequenas novamente, e sim que continuassem a operar conforme operaram quando eram pequenas. Unindo o melhor das duas características: a robustez e o poderio da grandeza com a velocidade e a flexibilidade das pequenas.

Curiosamente, a rapidez está no cerne das expectativas racionais em relação às empresas administradas cientificamente. No paradigma vintecentista, a administração é exercida em instituições burocráticas puras, próximas ao arquétipo da burocracia-racional weberiana e, portanto, concentradas na racionalidade procedimental e na observância à legalidade estrita. Nos dizeres do próprio Max Weber, esta é a solução ideal quando se necessitam de precisão, continuidade, disciplina, rigor e confiabilidade: o paradigma da produção em série. Uma instituição com essa natureza é fortemente voltada para funcionar e produzir resultados, não comportando reflexões maiores quanto aos propósitos.

Esses pontos fortes da empresa burocratizada, contudo, transformam-se em ônus diante de ambientes em mutação permanente e do predomínio da incerteza ambiental. Quando há rupturas frequentes demais para os princípios funcionarem de maneira adequada, eles se tornam visíveis. Ou seja, quando o ambiente começa a produzir, em escala maciça, fenômenos que a burocracia não antecipou e não poderia controlar, surge o questionamento quanto aos princípios — reais ou ideais — rompidos.

Projetos incertos em ambientes inexploráveis são praticamente intratáveis pelas burocracias empresariais. A questão é que o mundo no século XXI é incerto, e os ambientes são hostis. Cada vez mais é necessário superar a desconexão entre a burocracia concebida como fortaleza e fonte de racionalidade e os sistemas administrativos reais, infestados de incapacidade treinada, objetivos deslocados, choques entre cargos e outras doenças incuráveis. Novas formas de planejamento, em ciclos mais curtos, com utilização de prototipagem dinâmica, são caminhos que se apresentam como candidatos para o rompimento do marasmo da normalidade. Cada vez mais, a formação e a organização das empresas precisam ser um processo experimental, pois não há uma regra estabelecida *a priori* que, caso seguida, traga um bom estado à sua existência.

As vantagens da burocracia arquetípica a colocam em posição privilegiada para lidar com ambientes estáveis e rotineiros. A rigidez do institucional afasta a flexibilidade: o monumento mata o movimento. Aqui não há novidade. Nos tempos da Roma Antiga, por exemplo, as reformas de Diocleciano multiplicaram as engrenagens da burocracia governamental, tornando-lhe o funcionamento mais seguro embora mais lento. Entretanto, tão logo as instabilidades ambientais aumentaram, também ganharam visibilidade a manutenção dispendiosa do sistema e a opressão dos impostos, e o império entrou em declínio (cf. GIBBON, 2005).

Quando o ambiente começa a desmoronar, sacudido pelos tremores simultâneos do acelerado progresso técnico e da erosão do padrão de relações de produção e de relações políticas prevalecentes, a burocracia mecanizada opera às cegas. Nessas circunstâncias, ocorre uma crise de legitimidade que ataca o coração do sistema weberiano. A empresa burocratizada haure suas pretensões de validade na convicção de sua capacidade de produzir eficientemente, em um ambiente de estrita observância dos processos. Assim, goza de uma legitimidade procedimental. Porém a crença na eficiência de um processo não produz, *per se*, legitimidade.

O maior risco, então, é a autorreferência, com a burocracia — que veio a existir para resolver problemas — passando a engendrá-los, a fim de assegurar sua existência, como já mencionamos na Regra nº 4 – *A estrutura é para voar*. Gestores do século XXI têm a ingrata tarefa de identificar os setores que são verdadeiros buracos negros, absorvendo a energia criativa e fazendo-a desaparecer em um abismo de inércia invisível.

No esquema tradicional, algumas poucas pessoas no ponto mais alto da hierarquia ficam responsáveis por tomar as decisões. O processo decisório em si fica burocratizado, com participações de inúmeras camadas de aprovações e chancelas, dando espaço para uma politicagem intensa entre os setores envolvidos, bem como para informações distorcidas e dados sonegados. Assim, o sistema decisório fica não só lento, como também de baixa qualidade.

A alma de pequena permite que as ações sejam resultado do concurso de pequenas percepções. As microdecisões cotidianas, que vão produzindo cultura e criando um sistema que, em determinado tempo, produz resultados notáveis. Da primeira pequena loja de variedades ao posto de maior varejista global, este é um caminho repleto de pequenas decisões tomadas no chão das lojas, muitas vezes em reuniões aos sábados, em que se celebrava o espírito de grupo. Então aprendamos com o Walmart, um elefante que consegue pular a sua própria altura.

Andy Grove: Quando os produtos e serviços tornaram-se indistinguíveis uns dos outros, toda a vantagem competitiva resumiu-se ao tempo (GROVE, 1997, p. 11).

No século XXI, a empresa vencedora será a mais rápida e não a maior. A grande vantagem competitiva é o tempo, como vislumbrou de forma muito clara, Andy Grove, um paranoico conforme sua própria definição. Mesmo quando a Intel seguia crescendo exponencialmente, Grove insistia que todos refletissem criticamente sobre os processos e as abordagens utilizadas, buscando sempre o valor de cada decisão, de cada regra, de cada passo em um processo. Somente assim, na visão dele, a Intel manteria a agilidade necessária para sobreviver no ambiente competitivo.

Larry Page era outro obcecado com velocidade. Para ele, "se você for extremamente prematuro, como as pessoas alcançarão o seu ritmo?" (LEVY, 2012, p. 261). Ser o primeiro é uma importante vantagem competitiva. Um dos biógrafos do Google registrou a atenção de Page para com a velocidade: "a velocidade sempre foi uma obsessão no Google, especialmente para Larry Page. Era algo quase instintivo para ele. 'Ele sempre está medindo tudo', diz Megan Smith, uma das primeiras Googlers. 'No fundo, ele se importa com a latência'" (LEVY, 2012, p. 243). Os elefantes até correm, mas nunca correrão como guepardos. E a caçada, no presente, favorece os guepardos.

COMO SER PEQUENO?

Peter Drucker: A decisão sobre o que abandonar é, sem dúvida, a mais importante e a mais negligenciada. Grandes organizações não podem ser versáteis. Uma grande organização é eficiente por seu volume e não por sua agilidade. As pulgas podem saltar várias vezes a própria altura, mas o mesmo não ocorre com os elefantes (DRUCKER, 2002, p. 444).

Peter Drucker foi, como sempre, ao ponto exato. O tamanho pode resultar em baixa versatilidade. Contudo, como atender ao seu desafio? A resposta é: saber o que abandonar. Há muitos caminhos e há que se encontrar um caminho específico para cada empresa. Algumas, como a gigante chinesa Haier, buscam formalmente se inspirar no modelo de microempresas.

Em sua configuração organizacional, a Haier se dividiu em grupos de dez a quinze funcionários — são mais de quatro mil deles. Tentam copiar a arquitetura da internet — só partes pequenas, fracamente unidas em uma estrutura modular —, que possibilite uma operação coerente mas também muito flexível. Cada grupo, operando como uma microempresa, tem a liberdade de se formar e se envolver com pouca intervenção da administração central, mas todos os grupos devem ter a mesma abordagem em relação aos objetivos, à contratação interna e aos padrões de coordenação.

O Google queria um mapa organizacional como uma enorme folha coberta de bolinhas: cada uma delas representando pequenas equipes, funcionando como micro-organizações dentro da organização. O crescimento da empresa representaria simplesmente o aumento da folha, para dar conta de uma quantidade maior de bolinhas.

Já Walt Disney fundou uma nova empresa, a Walt Disney Imaneering — originalmente conhecida como WED Enterprises (iniciais de Walt Elias Disney) — uma espécie de *spin-off* da Disney. Foi um momento marcante em sua vida, que permitiu que superasse um processo depressivo e desse luz a novas e brilhantes ideias, como a da construção dos parques temáticos. Neal Gabler registra a experiência: "ele havia encontrado não apenas um propósito novamente, mas também, como esperava, a pequena e alegre comunidade que desejava tão desesperadamente: uma ressurreição do culto. 'Acho que era por isso que ele se divertia tanto no início da WED'" (GABLER, 2016, p. 573).

> **Neal Gabler, biógrafo de Walt Disney:** Acho que havia um sentimento que Walt devia ter, e certamente tinha, de que na WED ele não tinha mais que lidar com os grandes departamentos... Era simplesmente divertido voltar a ser pequeno. Walt chamava a WED de sua "caixa de areia" (GABLER, 2016, p. 573).

Disney ressentia ter que lidar com os grandes departamentos. Ressentia as obrigações e a forma de operar de uma empresa que tinha crescido demais. Desejava o espírito de fraternidade, da criatividade e do dinamismo dos primeiros tempos. Outro modo de buscar a alma de pequena é tentar criar o espírito de dono em todos.

> **Alfred Sloan:** Quando uma empresa nova e pequena é operada por poucas pessoas que nela investiram suas próprias economias, é perfeitamente evidente que, para elas, seus interesses estão entrelaçados com os da empresa. Entretanto, à medida que a empresa cresce e mais e mais pessoas participam do seu gerenciamento, essa conexão se torna distante e necessita de reforços periódicos, como aqueles proporcionados pelo plano de bônus (SLOAN, 2001, p. 364).

Mais de cem anos antes que colocar 'espírito de dono' entre os valores corporativos se tornasse um modismo, Sloan refletia sobre como de fato criar esse sentimento. Participação acionária e programas de bônus seriam algumas das formas. Curiosamente, o próprio Frederick Taylor, que tão fervorosamente defendia que o trabalhador braçal não deveria pensar, apenas obedecer, vislumbrou a superação da dicotomia entre patrões e empregados pela via da participação acionária.

Ser acionista é ser um 'principal', sim, ainda que apenas com efeitos simbólicos, a posse da ação traz em si o elemento de ser um dos donos daquela empresa. E para o trabalhador em seu local de trabalho, significa ser dono daquele pedacinho de mundo. E ser responsável por conseguir produzir o máximo possível com o mínimo possível. Cada colaborador será sempre pequeno em relação ao todo. Quando cada um se sente como dono, a alma de pequena empresa surge, mesmo em grandes organizações.

Percebe-se que buscar ser pequeno é mais complexo do que simplesmente quebrar a empresa em unidades menores. O espírito de pequena não surge por mágica, precisa ser cultivado, refletindo a dinâmica de confiança e autenticidade que acontece nos pequenos grupos.

AS VANTAGENS DOS PEQUENOS GRUPOS

A humanidade evoluiu em pequenos grupos. Robert Dunbar estudou a fundo o tema, identificando que as comunidades amplas de humanos alcançavam cento e vinte e cinco pessoas. Em outras palavras, essa era a quantidade máxima de pessoas que alguém poderia conhecer, para além do próprio nome: saber alguns elementos da trajetória de vida, conseguir identificar claramente quem eram essas pessoas etc.. Quanto aos grupos em que as pessoas realmente conhecem umas às outras, Dunbar afirma que se restringem a quinze pessoas. Esse também seria o tamanho máximo de grupo em que ainda seria possível buscar decisões por consenso, sem que isso significasse uma paralisia decisória.

A humanidade superou esses limites e se organizou em metrópoles de dezenas de milhares de pessoas graças à linguagem. O que, por sua vez, possibilitou a existência de uma série de significados compartilhados, como mitos e crenças, que têm um papel fundamental na coordenação da atividade humana em grande escala (já mencionei anteriormente o trabalho de Yuval Harari, que destaca especialmente esse fato).

Contudo homens e mulheres ainda costumam interagir e conviver mais proximamente com grupos pequenos. Grupos nos quais a principal característica é a confiança. Confiar é tornar-se vulnerável à ação do outro. É adotar uma hipótese otimista quanto ao comportamento futuro de um terceiro. Confiança é o que mantém as pessoas dentro da empresa coladas umas às outras.

Confiança leva ao agir cooperativo, quando se age junto com os outros — o seu sucesso fica ligado ao sucesso dos outros. De um ponto de vista econômico, Mancur Olson captou o benefício dos grupos pequenos, explorando o tema de forma mais sistemática. Os grupos pequenos conseguem de forma mais fácil alcançar um benefício coletivo, simplesmente pelo fato de que esse benefício tem um grande poder de atração sobre cada um dos membros. Quando os grupos crescem, as pessoas vão se sentindo mais distantes daquele benefício coletivo proposto para o grupo e perdem motivação para se engajarem, sendo menos provável que decidam agir em prol do grupo.

Olson sintetizou isso em:

> Primeiro, quanto maior o grupo, menor a fração do ganho total grupal que receberá cada membro que atue pelos interesses do grupo, assim, menos adequada a recompensa a qualquer ação grupal é e mais longe ficará o grupo de atingir o ponto ótimo de obtenção do benefício coletivo, se é que obterá algum. Segundo, dado que quanto maior for o grupo, menor será a parte do ganho total que caberá a cada membro ou a qualquer pequeno subgrupo — e muito menos algum membro sozinho — ganhe o suficiente com a obtenção do benefício coletivo para compensar os custos de prover até mesmo uma pequena quantidade do benefício (OLSON, 2015, p. 60).

A análise econômica pode parecer crua e rude, com sua face utilitarista e sem máscaras. Porém é fato que os modelos econômicos captam muito do comportamento das pessoas em coletividades. Compreender isso é importante para conseguir conceber e imaginar o que seria ideal em termos de tamanho de grupos de trabalho.

A literatura em gestão aponta, cada vez mais, para um novo padrão de grupos pequenos que conseguem fazer dialogar conjuntos de competências diversas, intercruzando linhas funcionais em um diálogo permanente de percepções que se interpenetram. Nos Estados Unidos surgiu a expressão T2P (*two-pizza team*) para realçar que o limite de tamanho deveria ser o de duas pizzas para o grupo todo quando as pessoas tivessem que trabalhar juntas até mais tarde (o que, na prática, seriam grupos com menos de dez pessoas).

Nesses grupos, as pessoas conhecem bem umas às outras o suficiente para julgar a cada um não só com base nos seus resultados, mas também nas suas intenções, no seu nível de empenho e generosidade para com os outros. Como o clima organizacional nesse contexto é fundamental, as falhas são toleradas, mas a autoavaliação é frequente. O propósito é sentido fortemente pelos seus membros, que têm a missão claramente definida e lhe atribuem prioridade sobre qualquer outra coisa. Tudo o que acontece gira em torno do que prediz a missão.

Nos pequenos grupos dinâmicos, não há uma colocação mecânica e artificial de mais pessoas umas junto das outras (como acontece, muitas vezes, em processos desorganizados de crescimento), mas sim a anteposição de pessoas-chave que, atuando juntas, conseguem gerar um sentimento comum de pertencimento, com cada membro tendo sua alma infectada e com todos operando em um mesmo comprimento de onda, gerando a tão almejada sinergia, que é o excedente de resultado que pode ser atribuído exclusivamente ao fato de o grupo funcionar bem.

Louis Gerstner, CEO da IBM (International Business Machines Corporation): Eu nunca vi uma empresa pequena que não quisesse se tornar uma grande empresa (GERSTNER, L. *Quem disse que os Elefantes Não Dançam? - Os Bastidores da Recuperação*, 2002, p. 242).

Resumindo: como Louis Gerstner colocou, todas as empresas querem crescer. Isso é saudável. O importante é que consigam seguir bailando. Mesmo que tenham o tamanho de elefantes! (Gerstner escolheu como título de seu livro de memórias *Quem disse que os elefantes não podem dançar?*). No tocante às empresas como um todo, vale o princípio: busque ser grande, mas preserve a alma de pequena.

REGRA Nº 5. VIDA REAL

O Google é um icônico exemplo de *start-up* começada na garagem e que se tornou uma das maiores empresas do mundo. Aquele ambiente da garagem – com todo mundo reunido em uma mesma sala, compartilhando ativamente sonhos e lidando organicamente com os problemas que iam aparecendo – criou um senso de fraternidade entre as pessoas. Até hoje, com o Google tendo se tornado uma das maiores empresas do mundo, aquele pequeno grupo existe e é diferenciado. No início, os fundadores geralmente trazem uma grande carga de vitalidade para as empresas, é como se emprestassem suas almas de pessoas físicas para animarem (dotarem de alma) a pessoa jurídica. Essa sensação é inigualável. Quando as empresas crescem, fica difícil reproduzi-la. Porém esse deve ser um objetivo constante: manter acesa a chama dos primeiros tempos. Essa é a essência de manter a alma de pequena, trata-se do espírito e não do tamanho em si. Afinal, não passa pela cabeça dos fundadores do Google – tampouco a de seus acionistas – que a empresa volte para a garagem de onde veio.

CAPÍTULO 06

SEJA UM SOLDADO DO PROCESSO SEM FICAR SOLDADO AO PROCESSO

PROCESSOS E A ESSÊNCIA DA ORGANIZAÇÃO

Frederic Laloux lembra que trabalhar com processos remonta às origens agrárias da civilização. Quando a humanidade passou a cultivar, teve que aprender a disciplina e a previdência necessárias para preservar as sementes da colheita corrente, assegurando o seu plantio no próximo ano. Esse tipo de vivência possibilitou a invenção dos processos, o que, no fundo, são uma forma de replicar as experiências passadas no futuro. Segundo Laloux, no livro *Reinventando as Organizações*: "com os processos, o conhecimento essencial não mais depende de uma pessoa em particular; ele está difundido na organização e pode ser transmitido ao longo das gerações" (LALOUX, 2017, p. 19). Assim, aqueles primeiros agricultores asseguravam não só a próxima safra, como também todas as próximas safras. Os processos são um meio de transcender as pessoas.

Quando o economista Ronald Coase começou a explorar a razão pela qual a humanidade decidiu se organizar em empresas (ele é um dos formuladores da teoria da firma), chamou a atenção para os "custos de transação". Trazer certas operações para dentro de uma organização significava não precisar recorrer a transações externas (no mercado) e, consequentemente, conseguir um custo mais baixo. Parte da explicação de Coase tem a ver com processos. Em uma empresa, as atividades são organizadas de uma determinada forma e a replicação dessa forma faz com que as atividades aconteçam de modo mais fluído e econômico. Os processos tornam-se grandes aliados na luta pela redução dos custos.

No âmbito da produção, é fácil perceber o papel dos processos. As próprias máquinas, com seus ciclos produtivos, acabam determinando uma melhor forma de organização do processo produtivo na fábrica. Há uma quantidade ótima de matéria-prima a ser processada em determinado tempo. Há necessidade de se calcular tempo de sobreposição, quando duas máquinas operam simultaneamente, uma dependendo dos *outputs* da outra. O processo fica bem evidente, mas mesmo fora do chão de fábrica, é possível entender como os processos fazem diferença.

Digamos que eu precise comprar uma caneta para trabalhar ou algum insumo qualquer. Essa é uma necessidade que vai se repetir muitas vezes e para muitas pessoas diferentes. Se todas as vezes eu tiver que descobrir como se faz (quem compra canetas, como se compram canetas, quantas canetas devem ser compradas, de quem se compram canetas etc.), perderei muita energia e desperdiçarei uma fatia preciosa de meu tempo produtivo. A existência de processos possibilita que as pessoas dentro das empresas executem suas tarefas de forma consistente. Se existe um processo para a compra de canetas, basta eu seguir os passos e pronto: a caneta chegará à minha mesa.

A existência de processos traz o grande ganho de se estreitarem as opções, propiciando um fundamento estável para o prosseguimento da atividade com o mínimo possível de necessidade de tomada de decisões. Isso tem um efeito libertador — as pessoas não precisam, a cada vez, gastar energia e recursos tomando decisões sobre a forma de fazer determinada atividade. O processo não toma decisões, mas provê uma estrutura dentro da qual as decisões podem ser tomadas de modo mais fluído e informado.

Os processos são os padrões de interação, coordenação, comunicação e tomada de decisão de que se valem os empregados, para transformar os recursos em produtos, serviços e outros recursos ainda mais valiosos. Quando as empresas têm de resolver um mesmo problema repetidas vezes, desenvolvem processos formais e informais, de forma que se tornam capazes de retomar a tarefa a qualquer momento, minimizando o risco de fracasso.

O célebre estudioso do reflexo condicionado, Ivan Pavlov, chamou a atenção para o fato de os processos serem estereótipos: "a estereotipia — uma persistente e prolongada repetição de movimentos definidos" (PAVLOV, 2005, p. 232). Processos condicionam a ação, então ela deve acontecer debaixo de determinadas condições e em uma forma exata (o ratinho do laboratório tem que sempre pressionar a mesma alavanca, para conseguir sua recompensa). Nessa capacidade de condicionamento está a força do processo, já que ele assegura previsibilidade comportamental e teleológica — a certeza de que o objetivo será alcançado se assegura na predefinição do como fazer para alcançá-lo.

A ganhadora do Prêmio Nobel de Economia, Elinor Ostrom, ressaltou que a organização é o resultado do processo. Para ela, "o ponto central da organização envolve mudanças que ordenam as atividades de modo que decisões sequenciais, contingentes e dependentes da frequência são introduzidas onde ações simultâneas, não contingentes e independentes da frequência tinham prevalecido" (OSTROM, 2015, p. 39). Em outras palavras, é exatamente o que falei antes: é a diferença entre comprar canetas sempre do mesmo jeito e comprar canetas de um jeito diferente a cada vez.

O tema dos estudos de Elinor Ostrom é entender como resultados coletivos podem aparecer mesmo diante de situações traiçoeiras, nas quais a racionalidade e a busca da maximização individual acabam produzindo decisões coletivas ruins (por exemplo, o dilema do prisioneiro). Ela identificou a organização e seus processos como uma das formas de superação dessa possível tragédia da racionalidade.

Afinal, processos criam regularidades. A repetição de uma só e mesma figura determinada (igualdade exterior) vai conferir à forma a sua unidade determinante. Por isso, os processos contribuem para a homeostase, o equilíbrio entre a empresa e o ambiente. A homeostase é mantida pelo decurso constante de processos regulados, que não só não perturbam a tranquilidade do comportamento estanque, como constituem eles próprios o comportamento. Em suma: comporte-se hoje como se comportou ontem e esse elemento facilita a adaptação do ser (empresa) ao seu ambiente externo. Pelos processos, o propósito e a missão da empresa se alargam e alcançam todos os pormenores do que acontece.

No entanto, para que os processos cumpram bem seu papel, é importante que estejam bem definidos e sejam os mais eficientes possíveis. Quando os sistemas informatizados de gestão evoluíram, houve uma adesão massiva que ignorou, em alguns casos, a necessidade de se repensar os processos antes de automatizá-los. Informatizar um processo ruim significava apenas acelerar o desperdício inerente diante da ruindade daquele processo. Fazer mais rápido o que não era para ser feito. A constatação dessa realidade, de que muitos processos eram ineficientes, provocou desperdícios de tempo e outros recursos, levando a uma reação na forma de insistência, sob múltiplas formas, quanto à necessidade de uma gestão de processos adequada.

REFLETINDO SOBRE OS PROCESSOS

Andy Grove: O valor de um procedimento administrativo está não em declarações formais, mas na verdadeira reflexão que levou a ele. Isso significa que, mesmo quando tentamos padronizar o que fazemos, devemos continuar a pensar criticamente sobre o que fazemos e sobre as abordagens que costumamos usar (GROVE, 1997, p.86).

Pensamento crítico e capacidade de questionamento permanente são antídotos a placebo para se dizer que algo é feito de um jeito, porque sempre foi feito daquele jeito. Andy Grove, autointitulado um paranoico, acertou ao dizer que só os paranoicos sobrevivem. Em termos de mudanças extremas e aceleradas, o que deu certo ontem precisa ser continuamente revisto para que possa continuar a funcionar de algum modo amanhã. Ou então simplesmente ser abandonado.

Andy Grove também ressaltou que o ambiente competitivo tem tornado os produtos e serviços indistinguíveis, gerando a necessidade de se buscar a vantagem competitiva em outras dimensões, como a da velocidade (ver Regra nº 4 – *A estrutura é para voar*). Se você parar para pensar, embutido no próprio conceito de produtividade está a questão do tempo — mais produtividade é uma produção maior em um mesmo período de tempo.

O movimento pela reengenharia, baseado no trabalho de Michael Hammer — autor e empresário que alcançou fama mundial — tinha, na sua essência, a noção de reinvenção da organização a partir da eliminação de processos que tinham se tornado obsoletos ou ineficientes. Infelizmente, a ênfase da reengenharia acabou recaindo sobre a reestruturação dos níveis hierárquicos e dos cargos, com a consequente demissão de grandes contingentes de gerentes intermediários. O próprio Hammer, quando retomou o assunto, lembrou que não tinha, originalmente, proposto que ninguém fosse demitido.

Um exemplo drástico sobre o potencial da definição de processos adequados: imagine que você teve a infelicidade de passar por cima de uma barreira de pregos e os quatro pneus de seu carro foram furados. Quanto tempo você levaria para trocá-los? Lembrando que você está sozinho, seu carro só deve ter um estepe... Agora visualize as paradas nos boxes dos carros da Fórmula 1: os quatro pneus são trocados em segundos! Processos adequados às diversas situações podem ter um impacto exponencial sobre a produtividade.

Ainda aproveitando o exemplo: a troca de pneus na Fórmula 1 alcançou esse nível de eficiência porque o processo é estabelecido e definido em seus mínimos detalhes. Os mecânicos fazem treinamentos intensivos para que tudo funcione adequadamente. Mude um pneu para reposição de lugar e o mecânico que estiver trocando aquele pneu específico já gastará alguns milionésimos a mais de tempo para trocá-lo.

Falando de tempo, o lendário inovador Steve Bigari introduziu o pedido digital (*digital ordering*) nos locais de *drive-thru* do McDonald's, reduzindo a espera dos pedidos em pouco mais de trinta segundos, caindo para cerca de um minuto e cinco segundos em média — menos da metade da média anterior de dois minutos e trinta e seis segundos. Isso em um setor em que literalmente tempo é dinheiro. Uma verdadeira revolução de base processual.

AS ARMADILHAS NOS PROCESSOS

Como muitas coisas na vida, o ponto forte dos processos pode acabar se convertendo em seu ponto fraco. É o nível de especificação e permanência dos processos que possibilita a eficiência, mas isso tem o efeito colateral de congelar os parâmetros para a ação. Na medida em que os processos vão se mostrando bem-sucedidos — troco os quatro pneus cada vez em menos tempo — as pessoas se convencem do papel dos processos para o êxito e acabam assumindo que aquela é a única forma certa de realizar o seu trabalho. Na sequência, acabam aderindo cegamente aos processos e eles deixam de ser questionados.

Bob Iger: Sei por que as empresas não conseguem inovar. É a tradição. A tradição gera muito atrito a cada passo do caminho (IGER, 2020, p. 248).

De certa forma, processos são tradição ou hábitos solidificados. E todas as tradições, quando não são passíveis de serem questionadas, viram dogmas. E dogmas, como bem lembrou Bob Iger, acabam virando grandes obstáculos ao processo inovativo. A regularidade traz uma sensação de conforto psicológico, oriunda da conformidade a um conceito que já está na mente.

Como Clayton Christensen, estudioso de inovação, afirmou em *O desafio da inovação disruptiva:* "as mesmas capacidades que tornam sua organização eficiente podem também definir suas ineficiências" (CHISTENSEN; OVERDORF; 2017, p. 25). Eventualmente, quando acontece uma mudança no ambiente (como uma nova tecnologia, por exemplo), o processo deixa de ser eficiente, mas não é fácil conseguir sua mudança. Por sua própria natureza, a gestão baseada em processos tem como marca a realização das tarefas de forma consistente. Uma vez alcançada essa consistência eficiente, ela deve ser defendida com todas as forças e os procedimentos de mudança devem ser muito controlados.

Miyamoto Musashi: A imobilidade representa a mão da morte. A mobilidade é a mão da vida (MIYAMOTO, 2015, p. 77).

A rigidez nos processos é artrite organizacional. Quando processos se unem às tendências naturais de conformidade burocrática e resistência a mudanças, as empresas correm o risco de ser duramente castigadas. Isso acontece particularmente em situações de mudanças aceleradas, os pontos de inflexão estratégicos sobre os quais Andy Groove alerta. Assim, o que funcionava antes não funciona mais. Processos são exatamente algo que funcionava antes!

O lendário samurai Miyamoto Musashi superou seguidos combates com o pensamento de lutar com os pés, não com a espada. Movimento é tudo. Permanecer imóvel é deixar o adversário tomar a iniciativa e se lançar sobre você com uma boa probabilidade de te acertar. Um alvo imóvel fornece um ponto de certeza para o inimigo. Manter-se em movimento, ao contrário, é manter-se vivo: "a mobilidade é a mão da vida".

Outra desvantagem embutida nos processos é o fato de eles serem centrados na tarefa: um processo serve apenas para uma tarefa — a competência para trocar quatro pneus em segundos não garante a competência necessária para reabastecer o carro em segundos. Nas palavras de Christensen: "um processo que cria a competência para executar uma tarefa define, ao mesmo tempo, sua ineficiência para executar outras tarefas" (CHISTENSEN; OVERDORF; 2017, p. 11).

O processo é um chefe perigoso: não permite que nada ou ninguém interrompa seu reinado. Mata um desejo atrás do outro e impede as pessoas de viverem como quiserem. Quando chega nesse nível, o processo já não permite que as pessoas reflitam se querem continuar fazendo aquilo que fazem. Processos evocam o passado e, com isso, turvam a projeção do futuro. São resultantes da razão e é sintomático que sejam questionados pelo maior oponente desta: a intransigência. Um grande desafio para a gestão no século XXI é trazer de volta o espírito da missão: "a letra mata, o espírito vivifica" (II Coríntios 3:6). O processo não pode se colocar em posição antitética contra a empresa e o seu papel social.

PROCESSOS E BUROCRACIAS

> **Walt Disney:** Não posso entrar na rotina, nem deixar que os meus garotos entrem em rotinas. Se deixarmos de crescer mental e artisticamente começaremos a morrer (...) a coisa que mais me desagrada são as pessoas que tentam me manter em rotinas banais. Temos de continuar a abrir novos caminhos (GABLER, 2016, p. 347;478).

Quando Weber imaginou sua burocracia perfeita, os processos eram um dos elementos indispensáveis. No refúgio do processo, os meios burocráticos alcançam uma superioridade artificial, organizada com outros materiais que não os ofícios propriamente ditos, como por exemplo, o "conhecimento" decorado de normas, regulamentos e portarias, além das confrarias e dos círculos secretos que são sustentados pela hierarquia desse "conhecimento".

Nesse ambiente burocrático, há uma tendência natural das pessoas, ainda que com as melhores das intenções, de buscarem provar o seu mérito, encontrando formas de agregar valor aos processos — desenvolvendo, cada vez mais, regras e procedimentos e, consequentemente, construindo áreas de especialização e encontrando novos problemas para resolver (ver Regra nº 4 – *A estrutura é para voar*).

Ricardo Semler: As burocracias são construídas por e para as pessoas que se ocupam em provar que elas são necessárias, principalmente quando desconfiam que não são (SEMLER, 2021).

No entanto a burocracia baseada no segredo opera tão somente na autoridade vazia. A ação que foi objetivada em um processo é então apreendida como uma fatalidade inevitável e, com isso, as pessoas podem se sentir à vontade para negar qualquer responsabilidade. O processo vira pretexto para a irresponsabilidade. E as empresas acham que vão enganar o ciclope Polifemo sob esse manto do "todos" que, na verdade, é 'ninguém' — todos fazem assim em todas as situações. Estes estão soldados ao processo. Ou, para usar uma expressão repetida à exaustão como justificativa capenga para uma ineficiência: a culpa é do sistema.

Enquanto realização de determinismos objetivos, o processo sinaliza para um futuro igualmente objetivo, ancorando nas esperanças subjetivas. Os processos produzem um contexto de prática — é assim que se fazem as coisas — e, por essa via, facilitam a criação de carreiras objetivamente ajustadas. A partir desse contexto de prática e suas sinalizações, as pessoas geram, consciente ou inconscientemente, mecanismos de ajustamento. Ou seja, interiorizam as estruturas objetivas, tornando-as subjetivas. Aqui reside a grande força dos processos e é a partir dessa fortaleza quase inexpugnável que se organiza a sua defesa. Quando isso acontece, os processos podem gerar um comprazimento obsessivo com o *status quo*, com efeitos paralisantes e narcísicos.

É nesse ponto que buscar a eficiência deixa de ser suficiente. Ao assumir indicadores endógenos, a eficiência embute o risco da autorreferência. Eficiência se mede em escalas de 0 a 100%, ou seja, qual foi o aproveitamento dos recursos disponíveis para gerar um determinado resultado. Eficácia, por sua vez, é exógena, assume como referência o 1% (alcançou o objetivo) ou o 0% (objetivo inalcançado). Uma empresa supereficiente corre o risco de esquecer seu propósito e continuar operando sem alma — a empresa Frankenstein. É quando o processo passa a implicar ausência de crescimento mental, como temia Walt Disney.

A exatidão para os egípcios era simbolizada por uma pluma que servia de peso em um dos lados da balança em que se pesavam as almas. Os problemas precisam ser tratados na medida certa — a medida da pluma. Os resultados não importam quando o objetivo supremo se torna a previsibilidade da racionalidade instrumental burocrática. Há que se transcender esse pressuposto, que trata tão somente de planejar eficientemente a aplicação de meios para determinados fins.

Essa transcendência virá da busca de uma correição do cálculo dos fins à luz de valores (precisamente concebidos), dos meios disponíveis e das condições contextuais. É a racionalidade substantiva, na qual as pessoas são encorajadas a determinar se o que estão fazendo é adequado e serem capazes de ajustar apropriadamente as várias ações. Exatidão engloba a eficiência, mas abre mão do narcisismo das pequenas diferenças.

As burocracias privilegiam quase que totalmente comportamentos heterônomos, uma das razões pelas quais há tanta ênfase na padronização, na formalidade das comunicações, no engessamento dos planejamentos e concentração de poder nas cúpulas estratégicas. O corolário desse processo é o agigantamento da necessidade de controle. A exatidão abre espaço para o agir autônomo, que abrange a escolha do fim em si, internalizando-o. O agir heteronômico, por se dar em função de finalidades externas, é em si alienante, pois o funcionário é um mero instrumento. No agir autônomo, o colaborador é autor dos objetivos a serem alcançados.

Não se deve imaginar que esteja se defendendo um grau menor de rigor no tocante à utilização dos recursos à disposição da empresa. Pelo contrário, a busca da exatidão envolve a submissão dos processos e decisões a testes de severidade cada vez maiores, até que se alcance um processo que seja suficientemente racional e abrangente, para dar conta de uma multiplicidade de casos particulares. A exatidão — na base da implementação administrativa das estratégias definidas pela governança da empresa — torna-se força de integração social. Sem exatidão, as empresas são como liquidificadores de vento.

Processos mecanizados, esvaziados de sentido, fornecem os meios para moldar as relações sociais com base em abstrações do real. Conduzem a um mundo sistematizado e inacessível aos sentidos, apartado do saber vivo da experiência. Nesse mundo, o homem aparece como um ser sobrepujado, antiquado. Para superar isso, as burocracias devem se confrontar mais com os saberes estáveis, os conhecimentos legados, classificados e confortados pela tradição, em vez de um saber-fluxo caótico, de curso dificilmente previsível, no qual se deve agora, aprender a navegar.

Portanto, exatidão é um antídoto para a inutilidade do fazer burocrático, um risco sempre presente, uma vez que já no próprio conceito de função ou papel, há a alienação, a desidentificação do ser humano consigo mesmo. Para buscar a exatidão, as empresas não podem seguir contratando engenheiros para serem guardas de encanamentos (alienação explicitamente concebida). Há uma propensão taxonômica, um ânimo classificatório, na burocracia — e então os fenômenos são mais classificados do que analisados e tratados. Nessa perspectiva ortodoxa, o coletivo é apenas muitas pessoas ao invés de uma. Não há sinergia e sim parataxia, quando a velocidade gera a ilusão de distorções no espaço.

Nesse ponto, procrastinar deixa de ser verbo e vira substantivo. A predominância da forma sobre o conteúdo faz com que se busque legitimidade exclusivamente nos processos. Com isso, estes ficam encanecidos, grisalhos, em sua velha ociosidade senhorial. Os processos burocráticos são dominados pela solércia, porque a burocracia não presta muita atenção ao mundo real, mas sim à sua imagem do que seja o mundo real. Parecem feitos por carpinteiros argumentativos que lapidaram artesanalmente um acúmulo de inocuidades. Apesar disso, os processos ganham um status ontológico independente, vagando pelos caminhos incertos de suas próprias interpretações das tarefas. O risco é de se ter um quebra-cabeça com muitas soluções possíveis.

PROCESSOS EM MUDANÇA – A MUDANÇA DOS PROCESSOS

Peter Drucker: [a organização moderna] precisa estar organizada para abandonar sistematicamente aquilo que estiver estabelecido, habitual, familiar e cômodo, quer isso signifique um produto, um serviço ou um processo; um conjunto de habilidades; relações humanas e sociais; ou a organização em si. Em suma, ela precisa estar organizada para uma mudança constante (DRUCKER, 2002, p. 34).

Muitos processos têm uma "desinteligência embarcada". A tesoura, por exemplo, é inteligência embarcada. Dê uma tesoura para um Neandertal e ele acabará descobrindo como usá-la. Processos inteligentes deveriam ser como tesouras, disponíveis para uso por qualquer um, com rapidez.

Andy Grove: Uma norma comum que devemos tentar observar sempre é detectar e especificar qualquer problema em um processo de produção no estágio de custo mais baixo possível (GROVE, 1997, p. 35).

Encontre a mudança necessária o quanto antes e busque para que ela esteja em sintonia com todo o resto. O design em nível macro dos processos empresariais deve ter compromisso entre os fatores objetivos das interdependências do fluxo de trabalho, sua escala e os fatores subjetivos da personalidade e da necessidade social. Reengenharia e mudanças em processos isolados geram ganhos pequenos, mas que criam condições para que se colham frutos dos galhos mais elevados.

Henry Ford: Enquanto a maioria dos fabricantes está sempre pronta para modificar os seus produtos, em vez de modificar os métodos de fabricação, eu sigo um plano oposto. Nunca ficam estacionários os nossos processos de fabricação. Creio que não há uma só peça do meu automóvel que ainda seja fabricada pelo processo inicial. Essa é a razão de fabricarmos tão barato (FORD, 1954, p. 25).

Muito interessante que o empresário que veio a dar nome a toda uma forma de produção — o fordismo — e cuja principal característica é a produção em série de produtos padronizados — tenha se manifestado por uma revisão constante dos processos produtivos: "nunca ficam estacionários os nossos processos de fabricação". Mais interessante ainda é o fato de Ford associar diretamente essa constante mudança nos processos à uma liderança em custos de fabricação.

O mundo atual caminha a passos largos para precisar cada vez menos de trabalho humano para a provisão de bens e serviços. Porém ganha relevância um trabalho cada vez mais qualificado — que saiba utilizar e aplicar inteligência a cada caso. A organização industrial clássica já deixou de ser paradigma, mas ainda não surgiu com toda precisão o novo paradigma organizacional para a sociedade do conhecimento. A inadequação irreversível dos métodos industriais consolidados faz com que se busquem modelos em outros tipos de organizações e inspiração em outras disciplinas, como a Biologia.

Nesse contexto, a mudança nos processos precisa ser cautelosa e respeitar o que já deu certo por tanto tempo — estar à sombra dos processos anteriores. Porém a mudança tem que ter coragem para pronunciar seu nome. Por isso, a mudança nos processos nunca é algo unilateral. É um desenvolvimento estratégico em que um indivíduo pode influenciar ou terminar em parte a mudança, mas dependendo sempre de padrões de conectividade recíproca complexos, que nunca podem ser completamente previstos ou controlados.

Idealmente, o processo deve se apresentar de forma individualizada para cada pessoa da empresa. São pessoas, com suas idiossincrasias, que querem agir conforme suas características pessoais. Se o processo é inflexível, a pessoa tem nele a única forma de cumprir o seu dever — está soldada ao processo e o seu espaço para ação pessoal e criativa é inexistente. Acontece que as empresas estão descobrindo (ainda!) que a pessoalidade representa de fato um grande ativo: as pessoas importam! A "moral anonimizada" do processo não precisa ter como contrapartida o "anonimato moralizado".

A impessoalidade do processo governa sobre a ação. Entretanto, em um mundo no qual a única certeza é a mudança, não se trata mais do governo do processo em oposição ao discricionário individual, mas sim de um governo conjunto dos processos e das pessoas. Cada colaborador deve ser um artesão do comportamento organizacional, lapidando formas que permitam a aplicação do processo ao caso específico a partir do caso específico e não apesar do caso específico. Uma questão de bom senso, que depende logicamente, da mudança de mentalidade dos colaboradores.

O foco está na pessoa. A pessoa é o catalisador quando assume a responsabilidade pela administração da mudança. Quando se reconhece o valor da pessoa em si, uma visão humana do capital humano, é possível encontrar aqueles indivíduos que vão ser energizadores positivos, os catalisadores. O próprio Max Weber — o teórico da conformidade maquínica dos indivíduos como peças de uma grande burocracia — reconheceu que existem pessoas que superam a inércia do habitual, por serem capazes de determinadas vivências anormais.

Já Peter Drucker foi um evangelista da necessidade da mudança contínua nas empresas. Para ele, era imperativo que cada empresa construísse em sua própria estrutura a capacidade de administração da mudança. Os gerentes deveriam "aprender a questionar, a cada poucos anos, todo processo, produto, procedimento e política" (DRUCKER, 2002, p. 35). Em outra frase memorável, Drucker disse que "as certezas de hoje sempre se tornam absurdos de amanhã" (DRUCKER, 2002, p. 35). Quando todos estão ocupados demais com os processos de ontem, fica difícil lidar com o novo de hoje.

É importante que qualquer mudança nos processos lembre que está envolvida uma alteração no contrato psicológico das pessoas para com as empresas — mexer nos processos significa alterar o equilíbrio delicado entre a forma e o grau de contribuição e de retribuição de cada um. Para que as pessoas ganhem uma nova perspectiva, é necessário que deixem de se identificar com aquilo em que estavam imersas anteriormente.

Qualquer mudança provoca rupturas com o potencial de serem traumáticas, até porque uma organização é exatamente a busca de uma estabilidade de uma ação. Quanto maior a incerteza envolvida na mudança, mais ameaçadora esta se apresenta. E a incerteza tem potencial para gerar angústias profundas, que mexem com a própria identidade do ser humano.

Contudo não se trata de abandonar o processo. Pelo contrário, naquilo que o processo tem de positivo, deve-se ser um "soldado do processo", para defendê-lo e levá-lo a conquistar novos territórios. Os processos só devem ser quebrados e alterados por pessoas que os entendam muito melhor do que quem os concebeu, em primeiro lugar, e tenham a capacidade de agir muito mais rapidamente do que a polícia dos processos, de modo que já consigam apresentar resultados. Diante dos resultados (fatos), os argumentos cederão.

O processo permite que as empresas conheçam melhor a si próprias e organizem mais adequadamente suas atividades. Michael Porter, com a noção de cadeia de valor, mostrou como o amparo sistêmico torna o resultado mais sólido. Pode-se entender que a cadeia de valor é uma figuração de processos bem concebidos e articulados, tendo em vista o alcance da missão empresarial.

Logo, processos bem arquitetados permitem que todos sejam capazes de conhecer os fluxos de atividades na empresa que são múltiplos e dinâmicos. Igualmente, o conjunto de processos possibilita que sejam estabelecidos indicadores e processos avaliativos que mostrem se a missão está ou não sendo alcançada. Quando as pessoas interagem com base em processos definidos, evita-se a tradicional "feudalização" e o exercício de micropoderes gerenciais, tão comuns no mundo corporativo. A colaboração é facilitada a partir das determinações estipuladas pelo processo.

Dov Seidman, consultor organizacional: No passado, quando os funcionários precisavam apenas fazer corretamente as próximas tarefas, ou seja, seguir ordens ao pé da letra, a cultura não importava tanto. Agora, estamos vivendo em um mundo onde estamos pedindo às pessoas que façam as próximas tarefas darem certo. Um livro de regras pode me dizer o que posso ou não fazer. A cultura precisa me dizer o que devo fazer (DOERR, 2019, p. 219).

Quando combinados pessoas e processos, liberdade criativa e autonomia com responsabilidade e cálculo do melhor meio, amplia-se a possibilidade de que as "coisas deem certo". Essa combinação está para além dos manuais ou códigos de conduta, torna-se parte da cultura corporativa.

PROCESSOS COMO SÍNTESES

Quero finalizar a reflexão sobre esta regra dialogando com Henry Ford, talvez um dos maiores responsáveis pela adoção de processos rígidos nas linhas de produção.

> **Henry Ford:** A estandardização, como a entendo, não é escolher o produto mais vendável e limitar-se à sua única produção. É dedicar dias e noites, às vezes anos, primeiro ao estudo de um artigo que corresponda do modo mais perfeito aos desejos e necessidades do público, e depois à melhor maneira de fabricá-lo. Deste modo, quando a base da produção se muda do fito de lucro para o de "serviço", o negócio estará consagrado e o lucro será imenso. Isto é evidente. É a base de todo o negócio que queira satisfazer os noventa e cinco por cento da coletividade. É também o meio da coletividade prover as suas necessidades. Não posso compreender como todos os negócios não se fundam nessas bases (FORD, 1954, p. 48).

Ter um processo era fundamental para viabilizar a produção em massa — aquilo que Ford chamou de estandardização. Entretanto, para ele isso era apenas uma parte secundária. O mais importante era compreender claramente qual era a função social da empresa — a necessidade social por ela atendida (ver Regra nº 1 – *Ganhar dinheiro para viver, e não viver para ganhar dinheiro*). Uma vez identificado o conteúdo real da demanda, o próximo passo era o pensamento sobre a melhor forma de atendê-la.

Também é muito importante ressaltar que Ford coloca o foco na sociedade. Se pensasse na melhor forma de fabricação pensando apenas para dentro da empresa, seu foco seria o menor custo e pronto. Mas não, ele queria que a melhor forma de fazer o produto possibilitasse a melhor forma de atendimento à demanda existente. Para ele, essa era a fórmula de sucesso garantido nos negócios.

Um grupo de pessoas trabalhando junto é um processo (ver Regra nº 3 – *Cultive o seu jardim*). Um processo criativo, porque gera integração. Processos são capazes de imprimir o estímulo motivacional e gerar um forte senso de pertencimento à organização, desde que sejam sínteses positivas e adequadas da empresa, proporcionando uma visão holística e produzindo sinergia. Quando isso acontece, todas as pessoas envolvidas energizam-se e mobilizam-se na busca da visão global do propósito. Portanto, seja um soldado do processo, mas não fique soldado ao processo.

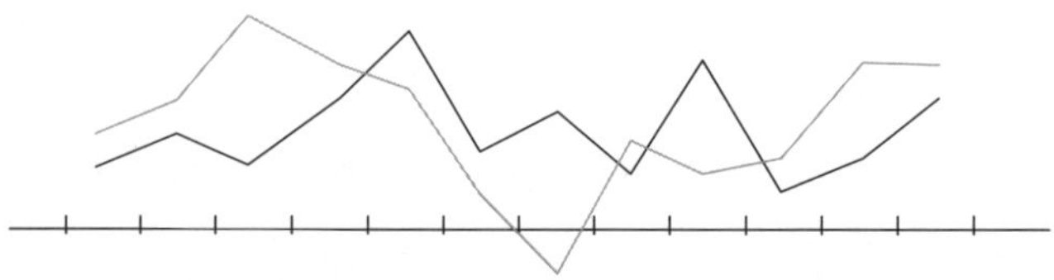

REGRA Nº 6. VIDA REAL

O McDonald's é um exemplo gritante da importância dos processos. O sucesso da empresa veio justamente da noção de que a produção de *fast-food* deveria seguir processos estáveis e repetitivos. O funcionamento de uma unidade do McDonald's abrange várias cadeias de atividades repetitivas. O ponto ótimo acontece quando se chega à melhor forma de se realizar aquela atividade, em termos de "tempos" e "movimentos". Em uma operação assim, ganhos de um minuto em algum processo podem significar economias de milhares de dólares. Por isso, os processos devem ser sempre analisados com microscópio – cada célula na cadeia de atividades deve estar bem encaixada.

CAPÍTULO 07

MEÇA TUDO O QUE IMPORTA. E DEPOIS MEÇA AS SUAS MEDIDAS

TUDO DEVE (E PODE) SER MEDIDO

> **Andy Grove:** A primeira regra é a de que uma mensuração – qualquer mensuração – é melhor do que nenhuma (GROVE, 1997, p. 39).

Você está alcançando aquilo que pretende? Ainda que você esteja almejando as coisas erradas, como apenas ganhar dinheiro, por exemplo (lembra-se da Regra nº 1 – *Ganhar dinheiro para viver. Não viver para ganhar dinheiro*?), você nunca vai saber como está se saindo se não tiver um bom controle do fluxo de caixa e dos demonstrativos financeiros. A resposta para a pergunta só pode ser dada se houver alguma medida. Tudo pode ser medido e há uma medida para todas as coisas. Existe até um bom livro, de Douglas Hubbard, chamado *Como Mensurar*

Qualquer Coisa. E, como disse Andy Grove, ter uma medida, qualquer uma, é melhor do que não ter nenhuma. A frase "é impossível gerenciar o que não se mede" virou até um estereótipo no campo da gestão.

Para pessoas preocupadas com obesidade, é importante acompanhar o peso. Os quilos excessivos não desaparecem por não serem medidos. O que some é a capacidade de a pessoa lidar objetivamente com uma situação, pois justamente o dado, o objetivo, que apresenta a situação como está no momento não foi coletado. Se eu não sei quanto peso, posso até imaginar que não tenho peso algum e me elevar até as estrelas: a falta de medida pode nos deixar em um perigoso estado de ilusão.

Houve um experimento que revela isso de modo bem claro. Pessoas que estavam desejando emagrecer foram desafiadas a publicar diariamente o seu peso no Twitter, isso sem alterar qualquer coisa na sua dieta. Todos perderam peso. Evidentemente, estava presente o elemento do constrangimento social, provocado quando se assume publicamente um compromisso que possa ser acompanhado e avaliado por todos (algo que deveria valer também para os políticos...). Mas também estava presente a disponibilidade do dado objetivo, todos os dias, para que as pessoas pudessem efetivamente saber o que estava acontecendo. É muito mais objetivo ver um número em uma balança do que uma comparação subjetiva do tipo "essa roupa estava apertada agora está folgada...".

"Conhece-te a ti mesmo" é o imperativo encontrado no oráculo de Delfos, aquele que provocou tantos *insights* em Sócrates. Olhar para dentro, de muitas maneiras, é o primeiro passo para a compreensão do seu lugar e o seu papel no mundo. Com certeza, muitas pessoas chegavam diariamente ao oráculo buscando uma resposta externa para perguntas como "o que devo fazer?"; "Para onde devo ir?"; "Devo lutar?". Respostas autênticas para essas questões só poderiam ser encontradas dentro das próprias pessoas. E a partir de suas próprias medidas.

> **Friedrich Nietzsche:** interrogar o oráculo – isso significa primitivamente (segundo a etimologia provável da palavra profecia): tornar certo o aleatório; julga-se poder coagir o futuro conquistando Apolo para sua causa: ele que, segundo a representação antiga, é muito mais que um deus que prevê o futuro (NIETZSCHE, 2020, p. 96).

Da mesma forma que os seres humanos, as empresas deveriam seguir o oráculo e também buscarem conhecer a si mesmas. O ambiente traz sinais importantíssimos: a demanda, os preços dos concorrentes, a quantidade ofertada etc., mas o posicionamento correto da empresa só será alcançado a partir das respostas que estão dentro de si: "qual preço devo e posso praticar?"; "Qual quantidade devo e posso oferecer?"; "Que inovações devo e posso buscar?". São perguntas que devem ser respondidas a partir do conhecimento do ambiente interno. Os sinais que chegam de fora são processados e se transformam em conhecimento empresarial, conhecimento que só existe encarnado naquela empresa específica.

Quando se interroga o oráculo você busca "tornar certo o aleatório, criar previsibilidade, coagir o futuro para sua causa", segundo os dizeres do filósofo Nietzsche. Ter medidas, principalmente medidas daquilo que realmente importa, é o primeiro passo para que as empresas conheçam a si mesmas.

Papa João Paulo II: A Igreja reconhece a justa função do lucro, como indicador do bom andamento da empresa (...). O lucro é um regulador da vida da firma, mas não é o único; a ele devemos acrescentar a consideração de outros fatores humanos e morais que, em longo prazo, são pelo menos igualmente essenciais para a vida da empresa (MASI, D. *O trabalho no século XXI*, 2022, p. 65).

Akio Morita: Era preciso saber muito mais coisas do que estatísticas de mercado e números de vendas (MORITA, 1995, p. 104).

Como já disse sobre esta regra: é importante que, minimamente, a empresa mantenha controle dos seus aspectos financeiros. Há um índice incrivelmente alto de microempresas que fecham no seu primeiro ano de existência, em muitos casos, por conta da completa ausência de acompanhamento do fluxo de caixa. Afinal, é preciso "ganhar dinheiro para viver". Como a própria Igreja Católica reconheceu, por intermédio do Papa João Paulo II, o lucro tem uma função importante, mas não é e não deve ser o único indicador a ser avaliado com relação ao desempenho da empresa. Os empresários precisam se esforçar para encontrar as medidas certas, uma combinação de medidas que dê conta de abarcar os diversos "fatores humanos e morais que são essenciais para a existência da companhia". Ou, nas palavras da sabedoria oriental de Akio Morita, "é preciso saber muito mais coisas".

Larry Page: Se não formos muito melhores no ano que vem, já teremos sido esquecidos (LEVY, 2012, p. 50).

Gosto dessa frase de Larry Page, porque ela deixa em aberto uma multidão de aspectos, ao mesmo tempo em que concentra a atenção em um desejo primordial: ser muito melhor no próximo ano. Melhor em quê? Melhor como? Não explica. E não precisa. Todos entendem do que ele está falando. Porém, para que a visão de Page se torne uma realidade, são necessárias as medidas. "Melhor" exprime uma comparação, entre circunstâncias, tempos, lugares, modos etc. Não há como saber se foi melhor no ano seguinte sem a âncora comparativa do ano que passou. "Estou mais pesado ou mais leve do que no ano passado"? Esta resposta depende da existência de dois valores registrados em dois momentos do tempo.

O PAPEL DOS INDICADORES

Andy Grove: Criar indicadores, de forma que os subordinados possam ver sua "pista de corrida" tomar forma (GROVE, 1997, p. 188).

É necessário que cada um saiba de que prova está participando, em que pista está correndo e quais são os critérios de avaliação. "É uma prova de resistência"? Então devo guardar minhas energias e correr mais devagar. "São os cem metros rasos"? Devo dar tudo de mim em uma explosão imediata, esquecendo tudo o mais. Escrevendo na década de 1980, Grove antecipou uma tendência atual: a gamificação dos ambientes de trabalho, associando a criação de medidas (indicadores) à disponibilização de uma imagem virtual da pista de corrida, onde cada um vai correr. O elemento lúdico é sempre um potente motivador.

Indicadores vão apontar os objetivos da pessoa ou da sua equipe. Os dados "objetivos" vão permitir que haja coordenação entre as "subjetividades" — ou seja, vão propiciar o alinhamento do ponto de vista de cada colaborador individualmente. Sem o indicador objetivo, cada um poderia sustentar e perseguir uma visão idiossincrática de sucesso. Indicadores permitem comparações de você com a medida, de você em relação ao seu grupo, da medida em relação à mesma medida em setores, grupos ou empresas diferentes. Enfim, medidas possibilitam que você tenha comparações objetivas e isso facilita a colaboração.

Nessa dimensão, indicadores funcionam como um contrato social cooperativo. Algumas empresas levam isso tão a sério que pedem para que os seus novos colaboradores escrevam uma "declaração pessoal de missão", na qual, entre outras coisas, deixem claro os seus compromissos e quais serão as suas entregas. Com base nesse conhecimento, todos podem cobrar a todos quanto ao desempenho proposto por cada um.

As medidas permitem que as pessoas da equipe ajustem as suas ações, em relação a si e em relação aos seus companheiros. O sucesso de uma empresa depende da coordenação entre vários jogos interdependentes, jogados por muitas pessoas e equipes simultaneamente. O fracasso de um jogador afeta todos os outros jogadores. Por isso, é relevante saber o que representa, objetivamente, fracasso ou sucesso na perspectiva de cada jogador e na perspectiva do jogo como um todo. Permanecendo com a metáfora esportiva, um jogo no qual não há placar deixa os jogadores desorientados. Pode até ser divertido, mas não serve para campeonatos.

Com os indicadores, a função de comando, anteriormente dependente exclusivamente da configuração hierárquica e socialmente verificável, passa a ser delegada simultaneamente aos princípios e aos efeitos produtivos acordados. O chefe enquanto figura de controle, como previsto nos primórdios da administração científica, passa a ser desnecessário. No lugar do "manda quem pode obedece quem tem juízo", entram em cena a intensificação do trabalho e a "autocoordenação" de todos os participantes, orientados por valores de desempenho preestabelecidos e digitalmente acompanhados. Esse movimento, usualmente, é acompanhado por uma autonomização horizontal das subunidades organizacionais subordinadas.

A cooperação é ainda mais valorizada quando as interações são repetidas, como é o caso nas empresas, dentro das quais as pessoas se encontram todos os dias, dia a dia. Quando as pessoas têm informações sobre o desempenho passado das outras, elas as utilizam para definirem seu nível de cooperação e reciprocidade. Esse resultado é previsto pela teoria dos jogos, que também aponta que quando não há informações confiáveis sobre desempenho passado, a tendência é uma degradação da cooperação.

Outro vencedor do prêmio Nobel de Economia, Douglas North apontou o fato de que em jogos repetidos é difícil para um jogador qualquer agir como caronista, beneficiando-se do resultado coletivo sem empreender o esforço correspondente. Até porque a reputação pregressa atrapalha. Em uma empresa, os jogos são repetidos —cada dia de trabalho é uma rodada e, ao longo do tempo, as pessoas vão adquirindo informações sobre o desempenho das outras pessoas e acabam formando um quadro bem completo de informação sobre o comportamento do reduzido número de seus colegas diretos.

A reputação de alguém, entretanto, não é algo que possa ser construído de forma completamente objetiva. Uma pessoa com um bom desempenho, mas introvertida demais para deixar claro o resultado de sua contribuição pode ficar prejudicada, por exemplo. Os indicadores pessoais evitam que as reputações sejam estritamente subjetivas e que todos possam saber com precisão qual foi o resultado do empenho de cada um, fortalecendo a cooperação.

Indicadores e medidas vão dando concretude ao fazer cotidiano e em como ele se relaciona aos objetivos e estratégias mais amplas das empresas, usualmente de perfil mais abstrato. A existência das medidas possibilita que as estratégias sejam assimiladas mais prontamente pelas pessoas. Usando uma analogia: a estratégia seria como a planta baixa e os indicadores seriam os tijolos, a madeira, o concreto...

INDICADORES E OBJETIVIDADE

Alfred Sloan: Os números não davam respostas automáticas aos problemas. Eles simplesmente expunham os fatos com os quais se podiam julgar se as divisões estavam operando de acordo com as expectativas geradas, por seu desempenho anterior ou por seus orçamentos (SLOAN, 2001, p. 119).

Ou você tem fatos ou tem opiniões. Divergências de opinião podem seguir sem serem resolvidas. Divergências quanto a fatos não são aceitáveis. Como Sloan bem apontou, os indicadores não são respostas automáticas a eventuais problemas. O termômetro não resolve a febre, mas sem ele não se sabe quão grave é a febre. Os indicadores vão expor se você foi de 38°C para 37°C ou vice-versa.

Andy Grove, já mencionado várias vezes nesta regra, era particularmente preocupado com a questão dos indicadores. Proclamava que deveriam existir medidas específicas, associadas a objetivos e a resultados-chave. Desse modo, qualquer pessoa pode saber se teve sucesso ou fracasso, sem espaço para a ambiguidade. Segundo ele, os indicadores "primeiro, mostram, com muita clareza, quais são os objetivos de um indivíduo ou grupo. Segundo, proporcionam um grau de objetividade quando medem uma função administrativa. Terceiro, e tão importante quanto as demais, nos proporcionam uma medida por meio da qual vários grupos administrativos encarregados das mesmas funções, e em diferentes empresas, podem ser comparados uns aos outros" (GROVE, 1997, p. 40). Em outras palavras, indicadores propiciam comparações.

Tendo indicadores adequados, consegue-se identificar problemas mais cedo e a um custo mais baixo. Na vida pessoal, quanto antes você conhece a si mesmo, mais tempo você terá para buscar aquilo que é importante para você e ajustar o seu curso de vida às suas melhores potencialidades. Do mesmo modo que é importante tomar decisões no nível mais baixo possível (ver Regra nº 8 – *Decida o mais rapidamente possível e com o máximo de participação*), para que essas sejam mais participativas e produzam engajamento, também é importante que os problemas sejam detectados no nível mais baixo possível, a fim de resultar o mínimo possível de desdobramentos negativos.

É importante ressaltar que indicadores de desempenho não são aplicados exclusivamente a pessoas. Podem, e devem, permear tudo o que é importante para a empresa. O Google tornou-se exemplo de empresa que opera massivamente com base em evidências e dados. Destacou-se no uso dos chamados testes A/B, nos quais uma pequena parcela dos usuários é exposta a uma possível mudança. Com base nos resultados e nos comportamentos, o Google avalia cada alteração em seus produtos. E consegue verificar, com muita clareza e perspicácia, o que funciona e o que não funciona.

Com isso, a empresa vai se tornando transparente. Esta reconfiguração, em que as pessoas deixam de se reportar a chefes e passam a se medir em relação a indicadores preestabelecidos, resulta em estruturas mais flexíveis, com autonomização horizontal e mais poder para os níveis hierárquicos inferiores (ver Regra nº 4 – *A estrutura é para voar*).

Laszlo Bock, que foi o principal executivo da área de pessoas do Google, lembra que muitas pessoas ficam com medo desse empoderamento via disponibilidade de dados e informações. Porém enfatiza que sua vivência demonstrou que, na verdade, quando os dados e as informações estão disponíveis, o que acontece é uma discussão vigorosa, mas focada, que acaba trazendo à luz as melhores ideias. O resultado é que mesmo aqueles que não concordaram com a eventual decisão tomada, possuem contexto suficiente para compreender e respeitar os motivos que a produziram. As decisões ganham em legitimidade e seus efeitos são ampliados por um maior engajamento.

ENCONTRAR AS MEDIDAS CERTAS

> **Carl von Clausewitz:** No conjunto, nada é mais importante na vida do que encontrar exatamente o ponto de vista de onde as coisas devem ser encaradas e ajuizadas e de nos apoiarmos nele; pois não se pode apreender a massa dos acontecimentos na sua unidade a não ser de um único ponto de vista, e é só apoiando-nos nele que se pode evitar a inconsistência (CLAUSEWITZ, 1979, p. 739).

Para o grande teórico da guerra, o primeiro passo para a vitória era encontrar o ponto de vista sob o qual os acontecimentos deveriam ser observados e avaliados. Uma vez que você encontre o ponto de vista correto, apoiando-se nele, consegue lidar com as imensas e variadas contingências do cotidiano e manter uma linha de ação consistente, apesar de tudo. Em outras palavras: encontre as medidas certas e poderá contar com o sucesso em sua batalha de longo prazo pela sobrevivência.

> **Clóvis Tramontina:** Sempre aconselho: deixem de se preocupar com a cotação do dólar e se concentrem na qualidade do serviço (TRAMONTINA, 2022, p. 246).

Provavelmente, com exceção dos funcionários do setor de exportação da Tramontina, a cotação do dólar não deveria ser tomada como uma medida importante para a empresa. Clóvis Tramontina enfatizava: concentrem-se no que importa! No caso a qualidade, que a marca sempre buscou como forma de diferencial competitivo. Se é a qualidade que importa, deve-se encontrar medidas que apontem para o nível de qualidade — índice de produtos com defeito, quantidade de reclamações de clientes, quantidade de trocas etc. O importante é encontrar as medidas certas e que estejam alinhadas com a proposta geral do negócio.

> **Phil Knight:** Todos os dias recebia um telex dos nossos depósitos com uma contagem de pares... Em princípios contábeis gerais, um par enviado era um par vendido, de modo que a contagem diária determinava o meu humor, a minha digestão e a minha pressão arterial, porque determinava, em grande parte, o destino da Blue Ribbon (KNIGHT, 2016, p. 232).

Há quem possa achar que a preocupação com medidas começa a acontecer só quando as empresas crescem. Grande engano. Aquelas microempresas que vão à falência todos os anos carregam consigo pessoas que embarcaram em verdadeiras aventuras idealistas, sem noção de que a falta de gestão racional do fluxo de caixa poderia significar um desastre.

A história do fundador da Nike não é exatamente uma primazia nesse sentido. Em vários momentos, a então Blue Ribbon esteve à beira da falência exatamente por conta de desequilíbrios no fluxo de caixa. Contudo, Knight tinha certeza de que precisava saber precisamente como estava indo. Aquele telex que recebia diariamente dos depósitos e que determinava o seu humor, a sua digestão e a sua pressão arterial, determinava também, como ele bem constatou, o destino de sua jovem empresa. Naquele momento, aquela era a medida essencial.

Antônio Ermírio de Moraes, do Grupo Votorantim, dizia que "o acompanhamento de tudo é a mais importante ferramenta para se chegar à eficiência" (PASTORE, 2013, p. 323). Para dar conta dessa tarefa descomunal, costumava chegar à sede da empresa às 7h30, quando iniciava uma série de ligações telefônicas para seus subordinados. Por volta das 9h, já "havia medido o pulso de cada fábrica e conferido a situação das áreas estratégicas, como energia, abastecimento de insumos, produção e estoque — sempre preocupado muito mais com a qualidade dos produtos do que com a receita das vendas" (PASTORE, 2013, p. 96).

No fundo, Phil Knight, Antônio Ermírio e Clóvis Tramontina estavam fazendo a mesma coisa: prestando atenção no que julgavam ser o mais importante para as suas empresas em um dado momento.

> **Andy Grove:** O número de possíveis indicadores que você pode escolher é praticamente ilimitado, mas para que qualquer conjunto deles seja útil, você tem de focalizar cada indicador em um objetivo operacional específico (GROVE, 1997, p. 37).

As medidas certas são naturalmente associadas aos objetivos. Melhor que se consiga uma medida para cada objetivo específico. A administração por objetivos já é sexagenária, porém ainda passa longe de muitas empresas. Quanta gente esquece o ditado: "todo vento é contrário para quem não sabe para onde ir", não é? A associação entre objetivos e indicadores foi proclamada e praticada por Andy Grove na Intel paranoicamente. Acabou inspirando muitos, como John Doerr, que aperfeiçoou o sistema de Grove e criou os "Objetivos e Resultados-Chave" (OKRs, Objectives and Key Results, no acrônimo em inglês). Assim, Doerr escreveu o livro *Avalie o que importa: como o Google, Bono Vox e a Fundação Gates sacudiram o mundo com os OKRs*, publicado pela Alta Books.

Sendo assim, quando se tem clareza quanto aos objetivos e aos resultados-chave, reduz-se o espaço para a ambiguidade. A especificidade da medida permite que qualquer pessoa consiga saber com certeza se determinado resultado foi alcançado ou não, se dentro do prazo ou não.

Peter Drucker comparava as medidas implantadas em uma empresa àquelas feitas por um médico durante um exame clínico comum: peso, pulsação, temperatura, pressão sanguínea, exame de urina etc. Resultados normais não indicam muita coisa. Contudo, resultados fora do padrão indicam que existe um problema, que precisa ser descoberto e tratado o quanto antes. Por isso aquelas medidas simples são chamadas de informações fundamentais. Uma boa gestão deve operar em ambientes informacionais nos quais as decisões sejam tomadas com base em fatos, não em intuições ou rumores, e onde os indicadores sejam considerados entidades informacionais importantes.

Um desafio adicional para a questão dos indicadores adequados vem da própria natureza do trabalho do conhecimento, mais incerto do que o trabalho fabril. Atividades com maior grau de incerteza exigem maiores quantidades de informação para a tomada de decisão durante a realização da tarefa. No ambiente dos trabalhadores do conhecimento, é mais complexo conseguir programar e rotinizar completamente a atividade, de modo a sempre se obter a mesma resposta. Nesse contexto, indicadores como medidas de alcance dos resultados, são ainda mais importantes diante da dificuldade ou quase impossibilidade de se conseguir controlar completamente os comportamentos. Em resumo: aquilo que as regras e regulamentos não mais conseguiam fazer, diante das grandes transformações no mundo de trabalho, passou a ser feito pelos indicadores. Do foco no "como" para o foco no "o quê".

Qual é a resposta, então, para o desafio de encontrar as medidas certas? Depende. Porque a medida certa é completamente contextual e situacional, ou seja, em outras palavras, haverá medidas certas para cada empresa. Isso porque, como argumentado até aqui, as medidas devem estar associadas aos objetivos, aos valores — o que é para ser realmente valorizado —, isto é, à personalidade específica daquela empresa, que deve conhecer a si mesma (lembra-se do oráculo?).

Voltando mais uma vez a Peter Drucker: "os relatórios e formulários devem focar somente o desempenho necessário para se conseguir resultados nas áreas-

-chave. 'Controlar tudo é nada controlar.' E tentar controlar o que é irrelevante, sempre causa mau direcionamento" (DRUCKER, 2002, p. 62). O adjetivo "certo" na expressão "medidas certas" abrange a quantidade de medidas. Quando excessiva, produz o efeito contrário ao esperado — mais opacidade (causada pelo *fog data*) ao invés de mais transparência. Além da questão do custo dos mecanismos de controle — que podem acabar sendo mais dispendiosos do que aquilo que se pretende controlar. Controlar o que não é relevante (custo dos clips) provoca distorções e mau direcionamento — como coar o mosquito e deixar passar o elefante.

Henry Ford: Eliminamos toda estatística sem relação direta com a produção de carros. Havíamos acumulado toneladas de estatísticas que nos pareciam interessantes. Mas estatísticas não servem para fabricar automóveis, então foram destruídas (FORD, 1954, p. 135).

Muito antes dos computadores e da internet, Ford já se preocupava com o *fog data*: a confusão provocada por um excesso de informações diante da incapacidade de seu processamento adequado. Quando há dados e informações em demasia, as pessoas podem vir a ignorar coisas importantes — podem se tornar cegos a tudo o que envolva a percepção (capacidade de compreender os acontecimentos que se desenrolam a cada instante) e só focar nos números (ou seja, o que acaba vindo após os acontecimentos). Uma quantidade exorbitante de dados pode acabar produzindo o efeito de dificultar a visualização da realidade por parte dos gestores.

Antônio Ermírio de Moraes, que viveu durante o surgimento e a proliferação dos computadores, enfatizava: "não sou contra o computador. Mas os números não podem substituir as ideias... Qualquer relatório tem de ser feito por neurônios e não por chips" (PASTORE, 2013, p. 327). De certa maneira, tanto Ford quanto Antônio Ermírio estavam preocupados com a possibilidade de que os indicadores fossem efetivamente utilizados — percebidos, compreendidos, analisados e empregados para retroalimentar o processo produtivo da empresa.

Já Ricardo Semler relata um episódio tanto cômico quanto trágico em sua empresa. Um relatório de trinta páginas foi enviado com uma página errada. E ninguém percebeu... A decisão foi uma redução drástica no que era medido e apontado. Intuitivamente, Semler decidiu em conformidade com a sabedoria antiga que diz que, para se ter clarividência, é necessária uma dose de cegueira. Quando decidiu cortar os indicadores radicalmente, finalmente Semler viu: agora estava finalmente enxergando a empresa.

> **Ricardo Semler:** Moral da história: hoje temos um sistema simples, com poucas mas relevantes informações, e somos capazes de agir sobre elas. Cortamos de quatrocentos para cinquenta centros de custo, decapitamos centenas de classificações contáveis, dezenas de linhas de demonstrativos, e agora está finalmente dando para enxergar a empresa (SEMLER, 2002, p. 73).

Outro gestor que insistiu na importância da ação em cima das informações obtidas foi Lee Iacocca: no final das contas, indicadores, dados e informações só são úteis quando acionados.

> **Lee Iacocca, presidente da Ford Motor Company:** Se eu tivesse que resumir em uma palavra as qualidades que fazem um bom gerente, eu diria que tudo acaba em determinação. Você pode usar os computadores mais extravagantes do mundo e você pode reunir todos os gráficos e números, mas no fim, você tem que reunir essa informação, definir um cronograma e agir (IACOCCA, L. *An autobiography*, 1986, p. 53).

Encontrar as medidas certas significa também conseguir fazer com que as medidas sejam um instrumento de trabalho para os gestores. E não uma medida do desempenho dos próprios gestores, uma inversão entre meios e fins que acaba produzindo resultados perversos.

FUGINDO DA ARMADILHA DOS INDICADORES: MEÇA AS SUAS MEDIDAS

Indicadores também têm seus problemas, como tudo o mais. Por isso, esta regra diz: *meça tudo o que importa. Mas depois meça as suas medidas.* As pessoas têm uma forte propensão a prestar atenção àquilo que é medido. Isso pode provocar situações catastróficas, quando se medem as coisas erradas ou quando a medida pode levar a um colapso: por exemplo, se você mede e recompensa de seus vendedores pelas vendas de um determinado produto, a tendência é que o foco recaia sobre esse produto. Imagine se esse é um produto que dá prejuízo para sua empresa...

Foi mais ou menos o que aconteceu na Wells Fargo, em um caso que ficou famoso (entre aqueles do tipo "o que não fazer"). A empresa anunciou que iria medir e recompensar vendas cruzadas. Seus funcionários abriram 3,5 milhões de contas correntes e de cartão de crédito sem o consentimento dos clientes. A empresa teve que reembolsar os clientes pelas taxas pagas, arcar com pesadas multas e acabou tendo que fazer um acordo extrajudicial de mais de uma centena de milhões de dólares para se livrar de um processo judicial.[4]

> **Michael Dell:** Nosso crescimento vertiginoso e a ênfase constante em aumentar a participação de mercado haviam produzido uma cultura em que alcançar os números costumava ser mais importante do que o trabalho de equipe e a satisfação dos consumidores (DELL, 2022, p. 219).

Quando os números se tornam mais importantes do que os objetivos, os meios se tornam mais importantes do que os fins, e usualmente isso leva a resultados desastrosos. A definição de indicadores deve sempre levar isso em consideração. Um dos caminhos, como proposto por Andy Grove, é a criação de indicadores emparelhados, que permitam que você meça tanto o efeito quanto os contraefeitos, por exemplo, um indicador de quantidade e outro de qualidade. O depoimento de Michael Dell revela isso bem claramente — quando todos na Dell estavam prestando atenção ao indicador "participação de mercado", alcançar o número esperado passava a ser mais importante do que tudo, inclusive da própria satisfação dos consumidores.

O exemplo apresentado por Michael Dell é muito propício para que se consiga entender a perversidade inerente a essa inversão entre meios e fins. Todo mundo buscando alcançar participação de mercado a qualquer custo, até mesmo em detrimento da satisfação dos clientes. Só que participação de mercado vai depender, inexoravelmente, de clientes satisfeitos — comprando novamente ou recomendando a amigos. Com menos clientes satisfeitos, fica cada vez mais difícil alcançar as metas de aumento na participação de mercado. O ciclo vicioso está implantado.

Também é importante que a avaliação dos indicadores dialogue com o ambiente geral. Jack Welch registrou uma situação na GE em que o setor de eletrodomésticos apresentou um lucro 10% abaixo das expectativas, isso diante de

4. Caso da Wells Fargo registrado na *Harvard Business Review*, em setembro de 2009, "Não permita que as métricas corroam seu negócio". O título do artigo é muito apropriado.

concorrentes com produtos de alta qualidade e preços muito baixos. Já a divisão de plásticos teve um aumento de 25% nos lucros, porém os concorrentes tiveram, na média, um crescimento de mais de 35% nos lucros. Os setores deviam ser tratados diferentemente com relação aos bônus.

Então Drucker acerta ao enfatizar que indicadores são um meio (os relatórios e formulários devem ser as ferramentas de quem os preenche). Nunca devem ser uns fins em si mesmos. Indicadores de desempenho têm a ver com a proposta contínua de melhoria do desempenho. Ponto. Mal utilizados, transformam-se em péssimos chefes. Também foi Peter Drucker que chamou a atenção para o fato de que os indicadores não devem ser assumidos como instrumentos de moralidade, pois não o são. Sua função é econômica, no sentido estrito de eles mostrarem quanto se alcança com quanto se têm.

Tampouco os indicadores podem funcionar como um substituto para o julgamento gerencial em circunstâncias inusitadas. Logo, tentar resolver situações não rotineiras com procedimentos estabelecidos e baseados em indicadores do que aconteceu no passado é receita para o fracasso.

> **Michael Dell:** O sucesso de uma empresa, como eu entendo, significa muito mais do que gerar dinheiro para os membros da equipe e os acionistas. Acredito que podemos nos dar bem fazendo o bem (DELL, 2022, p. 289).

Desempenho é algo abstrato. Como saber que a empresa está se "dando bem" ou até mesmo, como saber o que "é fazer o bem"? Imagino que Michael Dell poderia dar uma resposta mais completa caso essas perguntas fossem feitas a ele. Por outro lado, a dimensão abstrata do resultado estará sempre presente. O que de fato é ter sucesso?

As métricas dão concretude. Se a estratégia é o modelo para a construção da empresa, as métricas são os tijolos, a madeira, o concreto... Por isso, é importante medir tudo o que importa. É isso que vai tornar o seu projeto de empresa visível para todos. Porém meça suas métricas, para que elas não venham a ser um fator de distorção — uma construção com mais tijolos do que o necessário. Como a distorção de focar em ganhar dinheiro, que discutimos na primeira regra e que Michael Dell nos relembra aqui: "o sucesso de uma empresa significa muito mais do que gerar dinheiro para os membros da equipe e os acionistas". A regra é: meça tudo o que importa. E depois meça as suas medidas.

REGRA Nº 7. VIDA REAL

Ricardo Semler, da Semco, é um executivo brasileiro pioneiro em implementar propostas de vanguarda em gestão. Registrou parte de sua rica trajetória em livro, no qual conta uma história que seria engraçada, caso não fosse trágica. Certa vez um relatório polpudo foi impresso com diversas páginas erradas. Mas ninguém reclamou! Inconformado com o episódio, Ricardo Semler promoveu uma revisão geral na Semco, quanto ao que de fato importava que fosse medido e acompanhando com precisão.

CAPÍTULO 08

DECIDA RÁPIDO E COM O MÁXIMO DE PARTICIPAÇÃO

A REDE DE DECISÕES E A EMPRESA

Todos os dias, o ambiente externo coloca uma série de decisões para a empresa: os pedidos entrando, os fornecedores demandando informações sobre os seus pedidos, o mercado atribuindo valor às suas ações, a inflação indicando alterações significativas nos níveis de preço. Igualmente, o ambiente interno apresenta suas necessidades decisórias: qual deve ser o tamanho do estoque; qual o nível ideal de recursos financeiros a serem mantidos como disponíveis; qual deve ser a quantidade de horas trabalhadas; quantas pessoas devem ser mantidas, dispensadas ou contratadas. Processar tudo isso implica tomar decisões — em todos os níveis e em todo o tempo.

A empresa é a soma das suas decisões, parafraseando Albert Camus, que disse que nós somos a soma de nossas escolhas. Essa frase de Camus pode ser interpretada em vários níveis, inclusive no biológico: aquilo em que presto atenção gera adensamento das conexões cerebrais (dendritos e sinapses) e meu cérebro se prepara para seguir prestando atenção naquilo. Da mesma forma, as decisões das pessoas na empresa vão compondo uma rede, densamente entremeada, que funciona como contexto para as novas decisões. O resultado final, aquilo que a empresa é no momento, é a soma de todas essas decisões.

Contudo não se trata de uma adição linear. O acréscimo é caótico, com as novas decisões alterando decisões anteriores, novos resultados interagindo com resultados anteriores. E assim vai se conformando o ser da empresa a cada instante.

Alfred Sloan: Uma organização não toma decisões; sua função é prover uma estrutura baseada em critérios estabelecidos, dentro da qual as decisões podem ser elaboradas de maneira ordenada. Indivíduos tomam as decisões e assumem responsabilidade por elas (SLOAN, 2001, p. 379).

A visão de Sloan reflete um pouco o ponto tratado inicialmente nesta regra. As decisões tomadas desde o início da empresa vão compondo uma rede, um rizoma, que funciona como estrutura — ou meio de cultura, para continuar usando a terminologia biológica — para as novas decisões. No entanto, discordo de Sloan quanto à exclusividade que ele atribui aos seres humanos nas tomadas de decisões. Creio que regras e procedimentos são estabelecidos para funcionarem como decisões pré-tomadas.

Aliás, essa era a crença básica da administração clássica: codifique-se tudo o que precisa ser feito e não haverá mais necessidade de decisões. Frederick Taylor analisava meticulosamente os tempos e os movimentos para definir um roteiro preciso da sequência de ações necessárias para o cumprimento das tarefas. Os funcionários não precisam se preocupar com decisões. Henry Ford, aplicador das ideias de Taylor, chegou a dizer que muitas pessoas não gostavam de ter de tomar decisões e que ficavam agradecidas com as decisões sendo tomadas por elas.

Independentemente do ponto de vista, sejam decisões humanas, sejam decisões automáticas pré-inscritas no algoritmo operacional da empresa, elas vão se somando para compor o que a empresa é em um determinado momento. Empresas que acumulam mais decisões certas do que erradas vão bem. Empresas que acumulam mais decisões erradas do que certas não têm como sobreviver.

COMO DECIDIR?

O mercado financeiro se apropriou de uma expressão — *skin in the game* — com o sentido de diferenciar investidores que arriscam a própria pele, ou seja, recomendam investimentos com os quais estão pessoalmente comprometidos. A noção é de que, quando as pessoas têm interesses pessoais envolvidos, vão tomar decisões mais ponderadas.

Essa perspectiva dialoga com tradições remotas da humanidade. Diversas tribos, inclusive anglo-saxônicas, mantinham um costume de tomada de decisões unânimes. Eventualmente, quem não participasse de uma decisão não estaria obrigatoriamente sujeito a ela. Isso foi um problema quando a monarquia britânica precisou de mais recursos, por exemplo. Um dos monarcas ingleses instituiu um novo imposto, mas o Bispo disse que a Igreja Católica não iria pagar e se justificou alegando que não tinha estado presente na reunião na qual a nova taxa havia sido estabelecida. Para evitar situações semelhantes no futuro, aquele rei decidiu que os membros do Parlamento representavam a todos e, portanto, as suas decisões vinculavam a todos.

Qualquer um sabe, por experiência própria, que quando tomamos uma decisão ou ao menos participamos dela, sentimo-nos mais envolvidos. Esse assunto é, inclusive, tema de preocupação e estudos nas Ciências Políticas. Como aumentar o nível de participação dos cidadãos nas decisões, de modo a aumentar o engajamento deles?

Nas empresas, entretanto, tudo aponta para o contrário. No início, há apenas decisões individuais — aquelas tomadas pelo fundador, que arriscou sua pele ao colocar seu capital no negócio. Em caso de fracasso, ele é o primeiro perdedor. Com o tempo, a empresa cresce e mais pessoas entram, contudo as principais decisões continuam sendo tomadas pelo fundador. Ou pelo círculo mais próximo a ele, de pessoas que entraram bem no início de tudo. As estruturas hierárquicas (ver Regra nº 4 – *A estrutura é para voar*) reforçam essa tendência de concentrar as decisões na chamada "alta gestão".

O problema é quando essa "alta gestão" está tão distante do solo que já não consegue se conectar com o que acontece na terra. Mesmo empresas notórias por serem democráticas e participativas, como o Google, registram a existência de um pequeno círculo de pessoas-chave que tomam ou participam das principais decisões. No entanto, quanto mais as decisões forem tomadas por todos os que forem alcançados por seus efeitos, melhor.

> **Andy Grove:** Como administrador, você precisa compreender que cada opinião retida, cada pergunta não formulada, contribuirá para empobrecer o processo decisório (GROVE, 1997, p. 116).

Ideias e *insights* não faltam, ao contrário do que apregoam algumas pessoas que denunciam uma eventual falta de criatividade. Faltam, sim, meios para ouvir as pessoas dentro das empresas. Cada opinião não ouvida é uma possibilidade não explorada. Como Andy Grove chamava a atenção, um processo decisório empobrecido gera decisões mais pobres. Simples assim. Algumas empresas levam a sério a busca de uma escuta mais ampla. Práticas como a de deixar uma cadeira vazia nas reuniões, para representar a voz dos clientes, transcendem o efeito simbólico, enriquecendo o processo de pensamento pré-decisivo.

> **Peter Drucker:** Deve-se garantir que uma decisão não foi tomada até que as pessoas saibam:
>
> - o nome da pessoa responsável por sua execução;
> - o prazo;
> - o nome das pessoas que serão afetadas pela decisão e, portanto, precisam conhecê-la, compreendê-la e aprová-la – ou pelo menos não se oporem fortemente a ela;
> - o nome das pessoas que devem ser informadas da decisão, mesmo que não sejam diretamente afetadas por ela
>
> (DRUCKER, P. *Como se tornar um executivo eficaz*; In: Goleman, 2020, p. 34).

A eficácia do executivo passa pela sua capacidade de tomar boas decisões. Peter Drucker acerta em cheio ao listar algumas condições mínimas para que uma decisão seja tomada. Decisões implicam em ação — por si só, o termo "decidir" remete a cortar, a partir, a encerrar o processo de deliberação — a análise que precede a decisão. Quando se decide, decide-se alguma coisa. Essa coisa deve ser explicitamente atribuída a alguém: uma pessoa, um setor, uma divisão. Se isso não acontece, na próxima reunião, quando for constatado que nada aconteceu, todos vão se entreolhar e ninguém será culpado. A definição do prazo também é importante, pois do contrário, não haverá critério de avaliação da decisão — afinal ela poderá seguir sem nunca ser implementada.

Muito antes de se falar em *empowerment* ou coisas do gênero, Drucker já insistia no fato de que todas as pessoas afetadas pela decisão deveriam conhecê-la, compreendê-la e aprová-la. Não lembra um pouco aquela tradição tribal anglo-saxônica? Conhecer implica ter acesso aos dados e evidências que embasam as análises, ter a capacidade de interpretá-los e atribuir-lhes sentido adequadamente (transformar os dados em informação); e experiência é ter passado por situações semelhantes e poder extrapolar um cálculo, muitas vezes especulativo, de custos e benefícios.

Somente assim as pessoas poderão chegar ao segundo passo de Drucker, a compreensão. Compreender implica conseguir introjetar a decisão, fazê-la parte de si mesmo, alcançar a própria decisão em si mesma a partir de seu sistema cognitivo. Ou seja, aprová-la. Se você parar para pensar, de fato, uma pessoa que participe de uma decisão nesses termos com certeza terá um envolvimento muito maior com a sua implementação. Arriscará sua pele pela decisão.

Drucker ainda recomenda que a decisão seja espalhada o mais amplamente possível, mesmo entre pessoas que não serão afetadas diretamente por ela. Deste modo, contribui-se para a construção do conhecimento coletivo da empresa: todos vão se apropriando de tudo o que acontece. Apesar de não afetado por uma decisão hoje, os resultados e consequências dessa decisão podem, de algum modo, serem elementos-chave para você amanhã. A pele de todos entra no jogo.

DEMOCRACIA E PROCESSO DECISÓRIO

Andy Grove: Outro aspecto importante e desejável do modelo é que toda e qualquer decisão seja elaborada e concluída ao nível da competência mais baixo possível. Isso porque é aí que ela será executada pelas pessoas mais próximas da situação e que melhor a conhecem (GROVE, 1997, p. 113).

Laszlo Bock: As decisões devem ser tomadas no nível hierárquico mais baixo possível (BOCK, 2019, p. 139).

O sistema democrático, tal como concebido pelos gregos na antiguidade, tem seu principal atrativo na noção de que o poder é de todos e, portanto, todos exercem o poder. As decisões tomadas pelo conjunto dos cidadãos têm efeito vinculante universal, porque afinal todos participaram daquela decisão. No diálogo *Críton*, de Platão, encontramos uma afirmação impressionante e bela sobre a origem do poder das Leis. Instado a escapar de sua sentença de morte por envenenamento, Sócrates responde imaginando um diálogo com as Leis da cidade, vislumbrando que elas o acusariam de injustiça justamente por traí-las, mesmo tendo sido um dos que as tinham aprovado. Se ele tivesse aprovado (ainda que tacitamente, ao não ter se esforçado para mudá-la) a Lei com base na qual tinha sido condenado, deveria se submeter à decisão — um forte exemplo de *skin in the game*!

O poder vinculado às decisões coletivas vêm do fato de que elas foram coletivamente tomadas. A legitimidade do sistema democrático reside nisso. A legitimidade das decisões no ambiente empresarial também estará vinculada à noção de que quem precisava participou da decisão. Por mais que o pequeno círculo continue tomando as decisões principais, as decisões que verdadeiramente produzirão plenamente seus efeitos são aquelas em que as pessoas envolvidas participaram.

Como Andy Grove bem colocou, que isso aconteça ao nível mais baixo possível. Essa perspectiva parece tão difícil de implantar, porque vai contra um preconceito enraizado na humanidade, de que haveria alguns poucos sábios e capazes, e a grande massa seriam de ignorantes. Mesmo pensadores iluministas que revolucionaram o mundo e nossa existência com suas ideias, guardaram esse tipo de preconceito elitista. Por exemplo, "o povo não sabe votar" é um tipo de manifestação desse pensamento. A ampla concordância com essa frase revela o quanto essa noção está enraizada em nós.

No âmbito da administração, os primeiros teóricos, Frederick Taylor e Henri Fayol, enfatizavam que os trabalhadores eram ignorantes, preguiçosos e incapazes, devendo ser treinados para fazerem pequenas tarefas altamente definidas e repetitivas. Eram pagos para fazer e não para pensar. Pensar caberia apenas aos níveis gerenciais e seus superiores. Isso não se mostrou verdadeiro, nem mesmo quanto à possibilidade de definição de um único modo ótimo de se fazer uma tarefa, mesmo no nível mais rudimentar — o chão de fábrica. Trabalhadores manuseando suas ferramentas de modos inusitados e executando as tarefas mais eficientemente, porém fora da receita taylorista, foram apontados diversas vezes para mostrar como aquela abordagem era inadequada.

> **Reed Hastings:** Quando você dá aos empregados de nível mais baixo acesso à informação que é usualmente reservada para executivos de alto nível, eles fazem mais por sua própria conta. Eles trabalham mais rápido, sem parar para pedir informações e aprovação. Eles tomam decisões melhores sem precisar de input dos níveis mais altos (...) quanto mais empregados em todos os níveis compreendem a estratégia, a situação financeira e o contexto dia a dia do que está acontecendo, melhor eles se tornam em tomar decisões corretas sem envolver aqueles que estão acima deles na hierarquia (HASTINGS; MEYER, 2020, pp. 165-166).

Na abordagem de Taylor e Fayol, um trabalhador operário não tomaria nenhuma decisão. Tudo já estaria pré-decidido para ele. Quando houve um movimento de defesa da horizontalização das empresas, com o surgimento de novos paradigmas estruturais, estava implícita a necessidade de deslocar as decisões para níveis mais baixos, além do fato de reduzir as longas linhas hierárquicas com sua comunicação falha. Processos de reengenharia levaram à decisão sobre como fazer as coisas (design do trabalho) para o nível em que as coisas são feitas.

Autonomia implica a capacidade de agir de forma independente das contingências. E contingências é o que temos para o dia, todos os dias. Quando as pessoas recebem a capacidade de decidir, bem como as informações necessárias para isso, elas decidem e agem, como descoberto por Reed Hastings. Ganham em autonomia.

Muitas pessoas, replicando o preconceito contra as massas nos sistemas democráticos, alegam que o compartilhamento do processo decisório com uma quantidade maior de pessoas dentro das empresas pode produzir anarquia — um ambiente em que dez mil podem dizer não e ninguém pode dizer sim, como diz Laszlo Bock. Para ele, entretanto, o resultado da abordagem participativa não é um "momento transcendente de unanimidade, mas sim uma discussão vigorosa, com base em dados, que traz à luz as melhores ideias, de modo que os dissidentes disponham de contexto suficiente para compreender e respeitar os motivos da decisão, mesmo que discordem do resultado" (BOCK, 2019, p. 139).

QUANDO DECIDIR?

Eventualmente, alguém tem que tomar uma decisão. Procrastinar não é, ou não deveria ser, uma opção.

> **Andy Grove:** É perfeitamente legítimo – e, em alguns casos, inevitável – que a pessoa em posição superior exerça sua autoridade se, ao aproximar-se o fim da reunião, ainda não se chegou a um consenso. O que não é legítimo – de fato é até prejudicial – é exercer essa superioridade hierárquica antes do tempo (GROVE, 1997, p. 117).

Não decidir é uma decisão. E uma decisão ruim, pois a falta de direcionamento pode fazer com que a empresa fique perdida. Isso se torna ainda mais relevante quando levamos em consideração que as decisões de uma empresa bem-sucedida estão profundamente interconectadas. Cada decisão sempre se apoia em outras decisões e essas conexões amplificam o impacto das decisões específicas. É necessário, portanto, que as decisões individuais levem em consideração a lógica do todo e é por isso que uma não decisão acaba tendo um efeito negativo grande.

Lembrando novamente de Clausewitz, que disse: "até onde deve ir a análise dos meios...? Evidentemente que não mais longe do que o exige a utilização prática das suas diferentes propriedades" (CLAUSEWITZ, 1979, p. 158). Quando se gasta mais tempo com a análise dos meios (deliberação) do que com a decisão, os meios acabam virando fins, uma inversão que sempre traz consequências deletérias. A partir de certo ponto, a análise dos meios perde seu poder informativo e passa a ter um efeito "deformativo", completamente deturpado.

Na ausência de uma decisão, paira a incerteza e ficam valendo as constantes intervenções do acaso, deixando as pessoas permanentemente colocadas perante realidades diferentes daquelas que estavam à espera. Todo vento é contrário para quem não sabe para onde está indo. E, como registrou o então presidente da Disney, Bob Iger, a indecisão crônica é ineficiente, contraproducente e profundamente corrosiva para o moral. A não decisão não significa que o problema não exista. Ele vai continuar existindo.

Para Jordan Peterson, outro autor de sucesso da Alta Books, "a incapacidade de decidir entre dez coisas, mesmo quando desejáveis, equivale a ser atormentado por todas elas" (PETERSON, *Além da Ordem*, 2021, p. 183).

Bob Iger: Por mais difíceis que sejam, todas as decisões podem – e devem – ser tomadas em tempo hábil. Líderes devem incentivar a diversidade de opiniões, equilibrando-a com a necessidade de tomar e implementar decisões. A indecisão crônica não só é ineficiente e contraproducente, como também profundamente corrosiva para o moral (IGER, 2020, p. 24).

A tentação de reunir mais informações para tomar a decisão pode resultar em mera acumulação. Informações para a tomada de decisão obedecem à lei dos rendimentos marginais decrescentes. Em um primeiro momento, de relativo desconhecimento sobre o assunto, os dados, evidências e informações trazem um retorno bem mais elevado do que o custo de sua aquisição e processamento. Com o acúmulo, chega o momento em que a aquisição de novos dados, evidências e informações passam a ser mais custosos do que os benefícios que trazem em termos de melhora da qualidade da análise.

Colin Powell, secretário de Estado dos EUA: Regra 40-70 – se você tem menos de 40% da informação, você não deveria tomar uma decisão. Mas se você esperar ter mais do que 70% da informação, você esperou demais (CHARAN, 2020, p. 144).

O uso de dados, evidências e informações é importante para alimentar um processo de decisão racional. No entanto deve-se tomar a melhor decisão possível diante da incapacidade de se processar e computar todas as variáveis, suas interações e desdobramentos, conforme previsto pela teoria da racionalidade limitada de Herbert Simon. Porém não se pode desprezar a decisão baseada na experiência.

DECISÕES INTUITIVAS

Antônio Ermírio de Moraes: Não sou contra o computador. Mas os números não podem substituir as ideias... Qualquer relatório tem de ser feito por neurônios, e não por chips (PASTORE, 2013, p. 327).

Em entrevistas, Antônio Ermírio de Moraes foi até mais ácido contra os computadores e seus analistas dedicados. Para ele, era impressionante que, com tantos dados e sistemas informatizados, ainda fossem tomadas uma incrível quantidade de decisões ruins.

> **Akio Morita:** A função primordial da gerência é tomar decisões, e isso exige conhecimento profissional da tecnologia e habilidade para prever o caminho futuro dessa tecnologia. Acredito que um gerente precisa ter um conhecimento amplo de seu ramo de atividade, mas será muito mais eficiente se tiver também uma espécie de sexto sentido, desenvolvido pela experiência – um tipo de acuidade que lhe permite ver além dos dados e dos números. E essa intuição é um privilégio dado somente aos seres humanos (MORITA, 1995, p. 213).

Tanto Antônio Ermírio quanto Akio Morita dialogam, aqui, com a dimensão da experiência — o "conhecimento condensado". Thomas Davenport e Laurence Prusak definiram conhecimento como "uma mistura fluída de experiência condensada, valores, informação contextual e *insight* experimentado, a qual proporciona uma estrutura para a avaliação e incorporação de novas experiências e informações" (DAVENPORT; PRUSAK, *Conhecimento Empresarial*, 1998, p. 18). Experiência é ter sido submetido a teste, ter vivido a experiência, seguindo a pista etimológica. Experiente é quem já viveu a situação diversas vezes. Os valores são o discernimento sobre o que é mais importante para aquela situação. Informação contextual é aquela atribuição de sentido aos dados que se apresentam em determinado momento e contexto. O *insight* experimentado é a solução de ação indicada dadas as circunstâncias — é *insight* porque emerge de forma subconsciente.

Tudo isso configura a estrutura utilizada pelo ser humano para avaliar e incorporar as novas experiências. As decisões são tomadas por neurônios humanos, percorrendo caminhos sinápticos que já foram acionados e reforçados anteriormente (a estrutura). A configuração dessa rede neural específica — de um gestor experiente — vai permitir que ele desenvolva a acuidade prevista por Morita, e que lhe permita ver além dos dados e dos números.

Muito importante realçar que não se trata aqui de presságio, sexto sentido ou intuição, em um sentido lato, mas sim de intuição em sentido estrito. Ou seja, aquela capacidade de discernir um padrão, enxergar correlações e estabelecer paralelos, comparando-os e sintetizando-os em nova decisão para o novo contexto ou problema.

Jack Welch: Às vezes, tomar uma decisão é difícil, não porque ela não é popular, mas porque é instintiva e desafia uma lógica "técnica". Muito foi escrito sobre os mistérios do instinto, mas tem a ver com o reconhecimento de padrões, não é mesmo? Você já viu determinada coisa tantas vezes que simplesmente sabe o que está acontecendo naquele momento. Os fatos podem ser incompletos ou os dados limitados, mas a situação parece muito, muito familiar. Líderes se veem diante de decisões instintivas o tempo todo (WELCH, 2020, p. 80).

Note bem que Welch não repudia os números (dados, informações, evidências). Ele apenas ressalta que, de tanto se lidar com dados, informações e evidências semelhantes, em situações parecidas, desenvolve-se um instinto (reação automática, que se processa no nível do inconsciente) para a tomada de decisão. A partir do reconhecimento de padrões, consegue-se superar até mesmo lacunas nos dados e informações e supri-las por inferências do gestor, baseadas, por sua vez, na experiência. As sensações provocadas pelas emoções geram marcadores somáticos, introjetando no corpo um padrão de reações, que podem contribuir para a previsão de resultados futuros de determinadas situações. Aquela estrutura mencionada por Davenport e Prusak.

De nenhuma maneira, Jack Welch recomendou que fossem buscadas soluções no oráculo, no horóscopo, na bola de cristal ou nas cartas de baralho. Ele trata, sim, da busca do ponto de vista exato a partir do qual os fatos devem ser encarados e julgados, pois esse ponto de vista é que vai possibilitar a apreensão da massa de dados, evidências e informações em uma unidade, além da tomada de decisões consistentes.

Até por isso, é muito difícil dissecar uma decisão. Praticamente impossível conseguir emular como tudo aquilo que está envolvido no contexto aparece aos olhos da pessoa ou das pessoas que têm que tomar a decisão. Há uma miríade de circunstâncias mínimas que podem ter influenciado, mas se perderam. Há infinitos motivos subjetivos que nunca são expressos e, portanto, permanecerão incognoscíveis.

A utilização da capacidade de intuição, contudo, não dispensa a necessidade do contraditório. Bob Iger captou bem a essência da diferença entre uma decisão tomada com base na intuição experimentada e outra em presságios. Se você não for capaz de explicar porque a decisão vai ser a melhor, é bom que soem alarmes.

Bob Iger: Naqueles casos em que você espera que algo dê certo sem ser capaz de explicar de forma convincente como aquilo vai funcionar – é nesse momento que um pequeno alarme deve soar e você precisa se fazer algumas perguntas esclarecedoras (IGER, 2020, p. 100).

Daí, por exemplo, a importância de se ter um parresiasta nas reuniões de tomada de decisão. O parresiasta é aquele que vai dizer a verdade, independentemente, de agradar ou não a quem está no poder. Ele é portador de uma bravura política específica. Sua ousadia consiste em dizer algo diferente, algo contrário ao que se pensa a maioria ou o presidente. Indo contra a opinião do presidente ou da maioria, ele arrisca o seu cargo.

Reed Hastings: Quanto mais você semeia o dissenso e quanto mais você encoraja uma cultura de expressar discordâncias abertamente, melhores as decisões que você vai tomar na sua empresa (HASTINGS; MEYER; 2020, p. 216).

Peter Drucker é outro defensor de que nunca se deve tomar uma decisão quando se há consenso. Já Alfred Sloan, da GM, argumentava que as decisões importantes deviam ser "vendidas" por aqueles que as defendiam. O processo de vender a decisão implicava apresentar uma série de argumentos e perspectivas para subsidiá-la. Implicava, também, envolver todas as partes possivelmente afetadas (o que, como já vimos, gera engajamento para com a decisão).

Alfred Sloan: A prática de "vender" as propostas importantes é uma característica importante do gerenciamento da General Motors. Qualquer proposta precisa ser "vendida" à gerência central e, caso afete outras divisões, também precisa ser "vendida" a elas... A abordagem da "venda" proporciona uma importante salvaguarda extra contra decisões mal pensadas, acima das normalmente contidas na responsabilidade de executivos corporativos perante os acionistas. Ela garante que qualquer decisão básica somente é tomada depois de totalmente analisada por todas as partes envolvidas (SLOAN, 2001, p. 370).

HIGIENE DA DECISÃO

Daniel Kahneman, também ganhador do Prêmio Nobel de Economia, trabalhou a visão de que se deve buscar a higiene do processo decisório. Ele quer dizer, que se deve aplicar uma série de procedimentos e técnicas que evitam o viés (distorções cognitivas que levam a interpretar uma situação de modo errado e, consequentemente, tomar a decisão equivocada). Uma das práticas de evitar o viés é fazer com que a decisão seja tomada sob diversos pontos de vista.

A possibilidade de examinar o assunto sob diversos ângulos é enriquecedora, mas ainda mais importante é enxergar sob diversos ângulos a partir de pontos de vista diferentes (pessoas diferentes). Podemos dizer pontos de "vida", uma vez que pessoas em diferentes estágios da carreira e da vida contribuem com suas perspectivas. De forma equilibrada com o que já falamos sobre a necessidade de tomar a decisão em um tempo apropriado, é importante que a maior quantidade possível de pessoas, com *backgrounds* e perspectivas diferentes, participem do processo de tomada de decisão. Isso só vai enriquecê-lo.

> **Bob Iger:** Não deixe seu ego interferir na tomada da melhor decisão possível (IGER, 2020, p. 162).

Pior do que decisões tomadas de forma individual são aquelas tomadas por chefes orgulhosos. Carl Gustav Jung afirmou que "a decisão tomada em um momento impensado por uma cabeça herostrática pode muito bem bastar para desencadear a catástrofe universal" (JUNG, 2012, p. 110). Heróstrato destruiu o templo de Ártemis em Éfeso, no ano de 365 a.C., apenas para perpetuar a memória do próprio nome, razão pela qual acabou batizando esse tipo de decisão, tomada única e exclusivamente para satisfazer a vaidades pessoais. Por isso, é importante que você sempre avalie suas decisões.

AVALIE AS DECISÕES

> **Sam Walton, segundo relato de seu filho Jim Walton:** Nenhuma decisão jamais foi sagrada (WALTON, 2018, p. 63).

A análise racional das consequências de uma decisão não vai alterá-la. A decisão já está tomada. Mas a análise das consequências concretas vai significar a diferença entre futuras decisões cegas e decisões feitas com os olhos abertos. Essa análise é ainda mais desafiadora quando a pessoa tomou muitas decisões acertadas no passado. Há um efeito halo sobre as decisões, que acabam influenciando o julgamento. O fato de ter tido êxito no passado acaba sendo invocado como prova em apoio à decisão nova, no presente. Esse é um viés decisório muito presente nos altos níveis executivos. Não é à toa que muitos fracassem como vítimas de seu próprio sucesso.

Falando em vieses, recomendo que você procure a literatura sobre o assunto, que é muito rica e vasta — economia e psicologia comportamental. Há inúmeras recomendações e dicas para um processo decisório mais higiênico e protegido contra distorções subjetivas ou objetivas. Porém não é o objetivo nesta regra de apresentar todos os cuidados que devem ser tomados quando na tomada de decisão. Antes quero chamar a atenção para as dimensões do tempo e dos sujeitos.

Akio Morita: A essa altura, eu achava que tinha fabricado um produto maravilhoso, mas a turma do marketing não demonstrou muito interesse. Eles diziam que isso não venderia e eu acabei constrangido ao ver que ninguém partilhava do meu entusiasmo pelo produto. Mas muito confiante em que o produto era viável, assumi a responsabilidade pessoal pelo projeto e nunca me arrependi disso (MORITA, 1995, p. 92).

Morita traz um exemplo de arriscar a própria pele. Sua intuição (conhecimento experimentado) dizia que o produto era maravilhoso. Porém as discussões coletivas não apontavam para a viabilidade de seu lançamento. Ele então resolveu assumir responsabilidade pessoal, o que corresponde exatamente à noção de *skin in the game.*

Contudo aproveito esse exemplo para colocar ainda outra possibilidade. *Skin in the game,* sim. Quando se quer garantir que a decisão certa seja tomada, é muito importante que sempre se lembre de considerar que a empresa está arriscando a própria pele. Não é garantia de sucesso, mas praticamente é um antídoto contra o fracasso.

Peter Drucker: (...) perguntar: O que é certo para a empresa? Não garante que a decisão certa será tomada. Mesmo o executivo mais brilhante é humano, portanto, sujeito a erros e preconceitos. Mas não fazer essa pergunta praticamente garante a decisão errada (DRUCKER, P. *Como se tornar um executivo eficaz*; In.: Goleman, 2020, p. 33).

REGRA Nº 8. VIDA REAL

Reed Hastings, fundador da Netflix, tornou-se referência em transparência informacional e abertura para participação nas decisões. Contrariando padrões entrincheirados nas empresas listadas na Bolsa de Valores, Hastings compartilha abertamente todas as informações financeiras da empresa com todos os colaboradores. E busca respeitar a lógica de que todas as decisões devem ser tomadas no nível hierárquico mais baixo e com a maior participação possível. Essa perspectiva tem reflexos sobre todos os procedimentos da empresa. Por exemplo, um funcionário que tenha de fazer uma viagem corporativa tem autonomia para decidir sozinho sobre suas despesas de viagem. Hastings é um defensor incansável da premissa de que as pessoas são capazes de assumir responsabilidades e tomar decisões. Inclusive, escreveu um livro cujo título enfatiza essa sua visão: *A regra é não ter regras*. O sentido é que pessoas com autonomia não precisam que um manual corporativo detalhado estabeleça tudo o que pode ou o que não pode.

CAPÍTULO 09

COMUNIQUE-SE!

COMUNICAÇÃO É VITAL

> **Sam Walton:** Comunicar, comunicar, comunicar. Se tivéssemos de reduzir o sistema Walmart a uma única ideia, provavelmente seria essa, porque é realmente uma das chaves de nosso sucesso (WALTON, 2018, p. 195)

A informação ganha vida por sua função, pelo lugar que ocupa na direção da ação das pessoas. Ela é uma espécie de ponte para a mente, que possibilita a travessia da dúvida para a descoberta, do incerto para o certo, da deliberação para a ação.

O que é muito importante na comunicação é que o conteúdo do que está sendo transmitido apareça no receptor da forma como o emissor o imaginou. Que se acenda a tocha imaginada por Biz Stone, e que as pessoas que estão na caverna consigam enxergar a mesma coisa. Em termos ideais, esse deveria ser um princípio universal (se não houvesse a entropia ou a perda do sinal devido à existência de ruídos). Enfatizando isso, Peter Drucker disse que quem pode mostrar se uma comunicação funcionou ou não é o receptor.

Biz Stone, fundador do Twitter: Comunicação é acender uma tocha em uma caverna escura (JUNG, M. *Guia Salarial destaca que empresas estão em busca de profissionais que saibam comunicar*. Disponível no site: Mílton Jung).

Pela comunicação, as pessoas conseguem alcançar um entendimento situacional e derivar a ação adequada correspondente, bem como coordenar planos de ação. Comunicando-se, as pessoas negociam definições para as situações e alcançam consensos provisórios, que subsidiam o agir. Em cada interação, as pessoas renovam a aparência de uma convivência normalmente estruturada — agir conforme as regras e as práticas culturais da empresa.

Na verdade, os sujeitos saltam de um consenso problemático momentâneo para outro. Por meio da comunicação, interagindo em um contexto empresarial, eles conseguem evitar que o casuísmo do particular domine o geral, criando continuidade para a ação, com referência ao contexto específico — atuam em processos (ver Regra nº 6 – *Seja um soldado do processo sem ficar soldado ao processo*). Reside aqui um dos motivos pelos quais o homem atua em organizações, no final das contas.

Banco Garantia - Declaração Original de Valores: 15. Comunicação e dados essenciais circulando com transparência ajudam a educar, a empurrar na mesma direção e a criar uma vantagem competitiva. (BANCO GARANTIA, *Declaração Original de Valores*, 1971).

É disso que se trata, um empuxe para que todos sigam na mesma direção e sob o impacto da mesma força. As pessoas dependem de comunicação constante umas com as outras para conseguirem manter coesão mental e exercer o balé permanente de ajustamento de suas condutas para as condutas dos outros, respeitando o contexto. A transparência remete à dimensão da democratização da informação, que se dá pela via comunicacional. Aquilo que se comunica é o que será absorvido pela comunidade. O que não se comunica será apenas imaginado, inferido, especulado, ou seja, virará fonte de boato. Estudos em comunicação organizacional mostram justamente que quanto maior o esforço de comunicação oficial, menor o espaço ocupado pelos rumores e vice-versa.

Alfred Sloan: Numa grande empresa é necessário um meio para produzir o entendimento comum (SLOAN, 2001, p. 95).

Resumindo de uma forma bem simples, vale a pena pensar sobre as palavras de Sloan: em uma grande empresa, é preciso se encontrar um meio de produzir um entendimento comum. Uma das acepções da palavra comunicar é "tornar comum" e isso fica bem claro aqui. A empresa é uma comunidade de pessoas, e é muito importante que essa comunidade consiga de fato compartilhar o que é comum e que as trocas informacionais aconteçam da melhor forma possível. Idealmente, a fórmula é: mais comunicação, mais comunidade.

É interessante que Alfred Sloan, um obcecado com organogramas e paladino das hierarquias formalizadas, entendeu o papel das organizações informais e buscou implementar práticas que propiciassem o seu surgimento dentro da General Motors. Como a criação de um comitê técnico geral que, segundo ele, "teve um e feito notável em estimular interesse e ação em toda a General Motors em questões, como o apelo do produto e seu aperfeiçoamento, gerando intensa troca de ideias, além de experiências novas e progressistas entre os engenheiros das divisões. Em resumo, o comitê coordenava informações" (SLOAN, 2001, p. 91). Ou, nos termos que já usei aqui, o comitê propiciava aquele "empuxo" para colocar a todos na mesma direção.

Alfred Sloan: O comitê técnico geral era uma organização informal. Seu papel mais importante era o de grupo de estudos. Ele devia ser conhecido como um seminário (SLOAN, 2001, p. 91).

Paradoxalmente, o grande mestre dos organogramas foi também um dos primeiros a pensar a organização para além das caixinhas empilhadas em forma de pirâmide. Podemos conceber seu comitê técnico como uma comunidade de prática, para usarmos uma linguagem mais atual. Alfred Sloan, inclusive, foi também pioneiro na defesa dos retiros empresariais. Planejou reuniões do comitê que terminavam com um fim de semana livre, durante o qual os membros iam pescar ou jogar golfe, facilitando a aproximação de homens que estavam pensando na mesma direção (SLOAN, 2001, p. 93). Fica bem claro que o objetivo maior não eram os peixes, tampouco completar os buracos, mas sim a maior comunicação (aproximação) das pessoas para que pensassem na mesma direção.

Se a comunicação tem uma importância vital, é necessário que as empresas pensem e repensem continuamente seus fluxos comunicativos. Ainda mais, em virtude do fato de que estruturas burocratizadas e hierarquizadas, como as médias e grandes empresas, apresentam desafios específicos para o processo comunicativo.

PROBLEMAS DE COMUNICAÇÃO EM BUROCRACIAS

> **Henry Ford:** São necessárias seis semanas para que a mensagem de um homem, cuja cereja se acha no ângulo inferior esquerdo da árvore da autoridade, chegue ao conhecimento do diretor ou do conselho administrativo; e quando chega às mãos de tão augustos representantes, está sobrecarregada de toda a espécie de críticas, proposições e anotações, mas já se acha extinta a sua razão de ser (FORD, 1954, p. 77).

A tão bem pensada estrutura hierárquica e burocrática, imaginada por Henri Fayol e Max Weber, entre outros, enfrentou de pronto um problema: a comunicação. Ford identificou bem o problema, apontando como no caminho entre a caixinha no ângulo inferior esquerdo do organograma e a caixinha da alta administração a informação já tinha se tornado obsoleta ("já se acha extinta a sua razão de ser").

A Teoria Matemática da Informação mostrou que a informação é um processo físico, portanto, sujeito às leis da física, como a da entropia (perda de energia, degradação). Os processos comunicativos carregam informação, mas esta tende a se perder devido a ruídos diversos (falhas no canal, na codificação da mensagem etc.). Em termos mais simples, qualquer um que tenha brincado de telefone sem fio sabe que muito raramente a mensagem que é dita pelo primeiro da roda chega inteira ao último.

A hierarquia significa, em termos comunicacionais, a necessidade de a mensagem passar por diversos pontos antes de alcançar o seu receptor final — parece uma reprodução inadvertida do telefone sem fio, não? Mais fácil ainda de entender a partir do registro feito por Ford. Curiosamente, o responsável pela disseminação da linha de montagem — com suas rotinas estandardizadas, tarefas repetitivas e monótonas — era contra a hierarquia e a burocracia.

Ao longo do livro, já apresentei outras passagens dele, revelando seu inconformismo com qualquer excesso de formalismo. Um dos motivos eram as dificuldades de comunicação, que ele aponta neste seu registro. Seis semanas (se há algum exagero, é dele mesmo) para que uma mensagem de um funcionário do chão de fábrica (aquela cereja no ângulo inferior esquerdo da árvore da autoridade — note que a própria linguagem irônica utilizada por Ford revela seu contragosto) chegasse ao diretor. Ford também apontou dois outros problemas: o processo de filtragem feito ao longo do caminho e a obsolescência pela demora. Pensando bem, as seis semanas de Ford não foram um exagero de forma alguma: na verdade, muitas vezes uma mensagem de um funcionário de chão de fábrica jamais chega ao diretor — a filtragem vira barragem.

Carl von Clausewitz: O comando repartido... parece... facilitar grandemente o papel do comando supremo... mas é uma vantagem que o general-chefe tem de pagar caro e duplamente. Primeiramente, uma ordem dada perde tanto mais de prontidão, de vigor e de precisão quanto mais longa é a escala que ela tem de descer... Cada escalão hierárquico que uma ordem tem de transpor, enfraquece esta ordem de duas maneiras: em primeiro lugar pela perda de força que o escalão suplementar arrasta, em seguida, pelo suplemento de tempo que a transmissão da ordem necessita (CLAUSEWITZ, 1979, p. 353).

O problema é antigo, anterior mesmo à existência de grandes empresas. O estrategista Clausewitz, que analisou detidamente o exército prussiano, (que viria a ser referência e modelo para processos de hierarquização), chamou a atenção para as dificuldades do que chamava de comando repartido. A hierarquia facilitava a tarefa de comandar, contudo tinha seu preço (caro e duplo, segundo ele). O primeiro preço tem a ver com a perda de força (prontidão, vigor e precisão) da ordem ao longo da escala (sem entender de física, Clausewitz fez uma dedução que é provada matematicamente pela teoria da informação). O segundo preço é o tempo que, como Ford temia, podia ser tão excessivo que fizesse o conteúdo da mensagem se tornar obsoleto: de nada me adianta saber hoje os números da loteria de ontem.

Na comunicação ascendente, a informação frequentemente é distorcida (sobrecarregada de toda espécie de críticas, proposições e anotações) à medida que as pessoas tentam esconder os seus erros, bem como minimizar o verdadeiro tamanho dos problemas, por temerem ser responsabilizadas por eles. Ninguém gosta de ser portador de uma má notícia. O problema é que isso faz com que o alto escalão da empresa fique às escuras, lidando com assuntos não definidos apropriadamente, sobre os quais não fazem a mínima ideia.

Nicolau Maquiavel: As palavras de um homem sábio podem facilmente retornar ao bom caminho, um povo perdido, entregue à desordem; contudo, nenhuma voz ousa elevar-se para esclarecer um príncipe mau; para ele só existe um remédio – a espada (MAQUIAVEL, 1979, p. 186).

Maquiavel traz à tona uma verdade antiga: a comunicação ascendente para com a autoridade implicava risco. Muitos mensageiros perderam sua cabeça, literalmente. Há indícios, inclusive, de que o surgimento da diplomacia, com seus códigos de respeito a mensageiros (embaixadores), está atrelado a essa tradição e a uma tentativa de evitá-la. Era importante, mesmo em contextos belicosos, assegurar um mínimo de contato com o inimigo. Essa foi a lógica, por exemplo, da criação e manutenção de uma linha direta entre o Presidente dos Estados Unidos da América e o Presidente da União Soviética durante a Guerra Fria.

Há outras razões para que a comunicação ascendente seja filtrada. Os níveis hierárquicos mais elevados têm que dar conta de uma gama maior de assuntos e tomar muitas decisões, precisando de foco e concentração para poder operar eficientemente.

Bob Iger: Existe um protocolo que determina o que chega até mim e o que é tratado por outra pessoa, e minha equipe sempre espera para me dizer algo até ter certeza de que é necessário (para frustração deles, às vezes, os repreendo porque não me dão as más notícias tão rápido quanto eu gostaria) (IGER, 2020, p. 16).

Bob Iger registra isso claramente, inclusive indicando a existência de um protocolo corporativo sobre que tipo de informação deve ser levada ao principal executivo da empresa. Ele comenta o assunto justamente no contexto de sua lembrança de um episódio particularmente trágico para a companhia, quando uma criança foi atacada por um crocodilo em um de seus parques. Os momentos de crise mostram de forma mais aguda a importância de uma comunicação fluída e sem obstáculos.

A comunicação descendente também tem seu valor e um grande poder. Para além das ordens (o fluxo comunicativo mais usual na comunicação descendente), quando os níveis superiores falam, os níveis inferiores prestam atenção.

Lee Iacocca: Isso é comunicação no mais alto nível: o chairman falando para o cara que está no chão de fábrica. Todo mundo ouve e todo mundo se sente parte (IACOCCA, 1986, p. 247).

Como já vimos na Regra nº 8 – *Decida rápido e com o máximo de participação*, quando as pessoas se sentem parte, elas se engajam. E engajamento é uma das principais riquezas no ambiente empresarial do século XXI.

FEUDALISMO INFORMACIONAL

Prevalece ainda, em muitos lugares, o paradigma de que a informação é poder, devendo, portanto, ser compartilhada apenas quando necessário. Muitos dos males corporativos atuais são oriundos de egos apavorados: pessoas que se escondem na burocracia, atrás de regras, processos e reuniões infindáveis, escamoteando e subestimando problemas, incentivando uma política de silos funcionais e rivalidade entre setores. O problema, como disse Thomas Davenport, o guru da gestão do conhecimento, são os 95% de psicologia.

Thomas Davenport: O sucesso, no gerenciamento da informação, é composto de 5% de tecnologia e 95% de psicologia (DAVENPORT, 1998, p. 224).

Davenport também chamava a atenção para o aspecto fluído e natural da comunicação. Se as pessoas, em setores diferentes da empresa, estão tendo que telefonar com muita frequência umas para as outras, ou enviar e-mails e memorandos em excesso, isso é um indicativo de que o processo natural de comunicação não está funcionando bem.

Na atualidade, o comando repartido, aludido por Clausewitz, seria chamado de diferenciação estrutural, com as organizações ampliando a sua composição administrativa, com o objetivo de melhorar a coordenação. Quando a empresa vai aumentando de tamanho, são contratadas novas pessoas e há mais diferenciação estrutural. Quando a empresa vai crescendo, há uma redução na economia de escala da gestão, ou seja, uma queda na redução da proporção de pessoal administrativo com o aumento do tamanho da empresa.

Em termos da teoria burocrática, isso equivale a dizer: há um tamanho máximo para que as empresas possam se beneficiar plenamente das economias de escala que surgem do simples fato de ser sua organização. Diante do crescimento das empresas, portanto, a comunicação se torna cada vez mais necessária — "quanto maior, mais comunicação"! Deveria ser o lema, embora, na prática, ocorra muitas vezes o contrário.

Repercutindo uma filosofia gerencial antiquada (a administração científica), com a noção de que só os ocupantes do alto escalão deveriam pensar e poderiam emitir ordens e comunicações, a empresa que não comunica adequadamente acaba impondo a sua própria representação, restando aos funcionários atuarem como ventríloquos. Perde-se o senso do destino comum, do propósito e seu efeito sobre o coletivo. O silêncio da empresa sobre isso é o silêncio do espelho opaco, que não permite a constituição do funcionário que se sente como dono (ver Regra nº 10 – *Não crie formigueiros*), titular de direitos e deveres pertinentes à sua condição de coproprietário. A maneira como alguém se mostra é, muitas vezes, uma forma de não se deixar ver.

É a alta gestão que comunica de sujeito para sujeito que tem potencial para instaurar esse funcionário que se sente como dono. Já o anonimato do discurso burocrático (assina-se com o nome da seção e não com o próprio nome), pretensamente respaldado pela impessoalidade, apenas favorece o "autoescamoteamento da fonte no e pelo discurso" (COELHO NETO, 2003, p. 99).

Infelizmente, os problemas não se limitam à comunicação vertical (ascendente ou descendente). Em muitas empresas, nem a formal nem a informal fluem bem entre departamentos diferentes. Existe todo tipo de barreira impedindo o fluxo horizontal, incluindo sistemas informacionais baseados em funções, arquiteturas de informação incompatíveis, diferenças políticas e culturais que podem ser reforçadas na seleção e formação de novos funcionários. A empresa fica presa à Idade Média, com vários feudos que não conversam entre si.

ECOLOGIA DA INFORMAÇÃO

Lee Iacocca: Eu apenas queria encontrar um instituto que ensinasse as pessoas a como ouvir. Afinal, um bom gerente precisa ouvir tanto quanto precisa falar. Muitas pessoas falham em compreender que a comunicação real vai a duas direções. Na vida corporativa você tem que encorajar todo o seu povo a fazer uma contribuição para o bem comum e continuamente aparecerem com formas novas de fazer as coisas (...) você precisa ser capaz de ouvir bem se você quiser motivar as pessoas que trabalham para você. Bem, aqui está a diferença entre uma empresa medíocre e uma grande empresa (IACOCCA, 1986, p. 59).

Ouvir e falar são expressões tão corriqueiras por envolverem atividades em que nós, como seres humanos, estamos envolvidos desde que nascemos. Porém o que deveria ser fácil acaba não acontecendo. Ouvimos pouco e guardamos menos ainda — há estimativas de que nos recordamos, em média, de cerca de 5% de tudo o que ouvimos. Isso é um desastre para a vida corporativa, quando se quer que todos possam "fazer uma contribuição para o bem comum". Um bom processo comunicativo é a diferença entre uma empresa medíocre e uma grande empresa — nisso concordo com Lee Iacocca.

Uma empresa que valorize a comunicação deve buscar nutrir uma "ecologia da informação" adequada, termo de Thomas Davenport. A expressão ecologia tem o objetivo de sinalizar para a necessidade de se preocupar com o ambiente da informação em sua totalidade, levando em conta os valores e os princípios da empresa; sua cultura; suas rotinas; seus procedimentos operacionais padrão; seu nível de política interna e sua influência sobre a disseminação de informações; sua tecnologia.

O *backoffice* das empresas segue sendo uma caixa preta. Os procedimentos, as microdecisões são impermeáveis e dificilmente influenciáveis. Quanto mais formalizado, regulamentado e planejado o sistema burocrático (determinações do funcionamento do *backoffice*), mais este parece se tornar incapaz de atender às necessidades sociais. Quando isso acontece, há uma tendência forte ao surgimento de mecanismos informais, que vicejam nas brechas do sistema formal e tendem a perpetuar suas ineficiências. O sistema se consome por dentro. Os complexos institucionais, destinados à redução da complexidade — burocracias como mecanismos solucionadores de problemas — acabam a aumentando. A empresa fica engessada.

COMUNICAÇÃO COMO VANTAGEM COMPETITIVA

A comunicação, quando flui, educa e empurra na mesma direção e gera uma vantagem competitiva. Quando isso acontece, as pessoas fazem mais por sua própria conta e trabalham mais rápido, porque não precisam ficar parando para pedir informações e aprovações. Elas acabam tomando decisões melhores, sem depender dos comandos que vêm do alto escalão.

Na Netflix, onde a regra é não ter regras, "quanto mais empregados em todos os níveis compreendem a estratégia, a situação financeira e o contexto dia a dia do que está acontecendo, melhores se tornam em tomar decisões corretas sem envolver aqueles que estão acima deles na hierarquia" (HASTINGS; MEYER; 2020, p. 166).

> **Reed Hastings:** Se nós vamos remover controles, nós vamos precisar ter certeza de que nossos empregados tenham toda a informação que precisam para tomarem boas decisões sem supervisão gerencial (HASTINGS; MEYER; 2020, p. 109).

Isso é particularmente importante diante de um mundo em constante transformação e também em face do aumento dos trabalhadores do conhecimento, que não são passíveis de serem submetidos a uma rotina estritamente pormenorizada. Com atividades incertas, é necessária mais informação, para que sejam processadas durante o desempenho da tarefa — o trabalhador do conhecimento dificilmente consegue trabalhar seguindo um roteiro previamente definido e engessado, e que venha a produzir sempre a mesma resposta. Como um quebra-cabeça de múltiplas soluções, o trabalhador do conhecimento é um algoritmo aberto, capaz de gerar resultados diferentes a partir de entradas similares.

Os trabalhadores do conhecimento, usualmente, têm objetivos amplos, mas raramente planos detalhados. Em vez disso, operam com base em comunicações diretas curtas e não estruturadas, aproveitando as oportunidades. Para que alcancem excelência, dependem de processos comunicativos muito bem desenvolvidos.

Nem falamos do papel da comunicação para o bem-estar de cada um de nós. Para nos sentirmos bem, dependemos, em grau extraordinário, das palavras e dos gestos. Harold Lasswell, um teórico da comunicação, ressalta:

> Se não formos cumprimentados com palavras apropriadas, é certo que nos aborreceremos; e a entonação também deve ser correta. Não seria fácil descrever as exigências mais sutis, em matéria de linguagem, que fazemos às pessoas com quem convivemos, ou que elas nos fazem; sabemos, porém, as coisas "de que gostamos", ou pelo menos as de que não gostamos, quando nos deparamos com elas (LASSWELL, 1979, p. 14).

No dia a dia, nosso humor, a condição de nossa personalidade depende profundamente das relações que mantemos com as pessoas, do quanto sentimos que somos respeitados ou tratados com a deferência devida ou não. Essa é mais uma dimensão que, por si só, justificaria a regra aqui proposta: comunique-se!

Ou, como disse Sam Walton na citação com que abrimos este capítulo: comunicar, comunicar, comunicar. Essa é a questão.

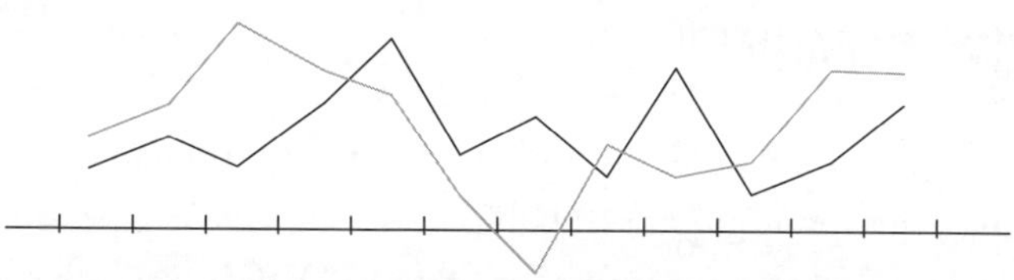

REGRA Nº 9. VIDA REAL

Henry Ford tinha uma visão muito prática, repudiava formalismos e hierarquia excessiva, e prezava que o foco fosse sobre uma produção eficiente e que gerasse produtos para atender à necessidade da sociedade. Meio século depois, Lee Iacocca recuperaria a visão de Ford, insistindo na comunicação como fator fundamental. Iacocca criou vários momentos em que podia se dirigir diretamente àqueles que estavam no "chão de fábrica", insistindo que quando todos eram abrangidos pela comunicação, todos se sentiam parte da empresa. Iacocca ainda ressaltou que uma alta administração, com boa capacidade de ouvir a todos, era o fator que diferenciava uma empresa medíocre de uma grande empresa.

CAPÍTULO 10

NÃO CRIE FORMIGUEIROS

PESSOAS COMO MURALHAS

Quando perguntaram ao Rei Agesilau por que Esparta não estava cercada de muralhas, ele apontou para os habitantes e cidadãos, experientes na disciplina militar, fortes e bem armados, e disse: "Veja as muralhas da cidade".[5] As verdadeiras muralhas eram de carne e osso e não haveria muro mais seguro do que as virtudes dos cidadãos. Um pouco pretensioso, mas se pensarmos bem, Esparta foi a vitoriosa na Guerra do Peloponeso.

Na sociedade humana, o humano "deve ser" o mais importante. O deve ser está aqui no lugar do "é" apenas como uma constatação de que ainda não conseguimos chegar a essa compreensão plena. Seja para a sociedade como um todo, seja para as empresas e organizações, onde bilhões de pessoas passam suas horas, todos os dias. A importância da valorização das pessoas já se tornou consensual no discurso corporativo, mas ainda é realidade rarefeita no cotidiano empresarial.

Minha inspiração para o nome que dei a esta regra veio de Norbert Wiener, considerado um dos pais da cibernética, que deixou um aviso: "tratem as pessoas como formigas e as pessoas vão reagir como formigas". Imagine sua empresa

5. Episódio narrado por François Rabelais, *Pantagruel e Gargantua*, 2021, p. 113.

como um formigueiro e assim ela será. Nos primórdios da Administração como ciência, foi exatamente isso que aconteceu: Taylor e seus adeptos pensaram e implantaram muitas formas de adestramento de formigas.

Tanto organizadamente (Fayol, Weber) quanto tecnicamente (Taylor), a ênfase era em pegar um ser humano considerado preguiçoso, ignorante e flagrantemente incapaz e conseguir inseri-lo, de forma eficiente e eficaz, no mundo do trabalho. A fragmentação no absurdo das tarefas, medidas com cronômetros e registradas em termos de tempos e movimentos, e depois congeladas na melhor forma de se realizá-las, foi uma das soluções. A criação de diversos níveis de supervisão e controle (encarregados, chefes, supervisores...) foi outra. A hierarquia estrita e rígida, no seio da qual "mandava quem podia e obedecia quem tinha juízo" foi outra.

Henry Ford: Quem trabalha seriamente não necessita de título honorífico. Sua obra o honra (...) os homens de valor criam por si mesmos as suas posições (FORD, 1954, pp. 80-81).

Ironicamente, o homem que viria a ter seu nome associado ao método de produção idealizado pela administração científica — o fordismo — destoava dessa visão. Preocupado com a dimensão do fazer e do bem-fazer, Ford valorizava as capacidades das pessoas. Para ele, o trabalho bem-feito honrava aqueles que o tinham executado e os indivíduos acabavam criando por si mesmos as suas posições. Essa última concepção expressa por Ford era extraordinariamente de vanguarda. Para se ter uma ideia, Frederic Laloux, que escreveu *Reinventando as Organizações* — um livro focado em grandes mudanças nas empresas e na gestão para o século XXI — apontou a ausência de cargos formais e a possibilidade de as pessoas determinarem as suas próprias posições como uma dessas tendências para o futuro.

Ford dizia que as suas fábricas não tinham organização, nem atribuições específicas adstritas a cargos, nem hierarquia determinada, e abominava todos os formalismos, bem como a figura do tecnocrata. Ford também colocava o produto acima de tudo, entendido como o atendimento à uma necessidade social. Pelo produto, Ford assumia responsabilidade pessoal: "cingi-me ao seguinte princípio: quando um dos meus carros se desarranja, sei que a culpa é minha" (FORD, 1954, p. 61). Essa era uma faceta do chamado espírito de dono: como dono, Ford sentia-se pessoalmente responsável por cada unidade de produto saída de suas linhas de montagem. Era um industrial, mas com alma de artesão.

SENSO DE DONO

Quando as pessoas pensam e agem como donos, elas colocam os interesses do negócio acima dos seus próprios interesses. Recentemente, dezenas de empresas colocaram entre seus valores corporativos: "senso de dono". Parece que finalmente o mundo empresarial acordou para o valor adicionado quando as pessoas se sentem pessoalmente desafiadas.

As pessoas ao agirem e pensarem como donos, elas se entregam e chegam a arriscar o próprio capital, adquirindo ações da companhia e se tornando, de fato, coproprietárias. Acontece uma combinação de vantagem, liberdade e responsabilidade que produz excelentes resultados. Jim Collins já chamava a atenção para o fato de que, entre as empresas que alcançavam sucesso extraordinário, era comum o incentivo à compra de ações pelos funcionários, como forma de fomentar um "grande comprometimento psicológico" deles para com suas contratantes. Segundo ele, "afinal, existe uma forma melhor de conquistar a adesão dos colaboradores do que lhes oferecer a possibilidade de serem donos de partes do negócio?" (COLLINS, 2020, p. 137).

Donos fazem coisas malucas. Um exemplo pitoresco: Clóvis Tramontina foi convidado a um churrasco na casa de um casal de amigos, quando viu outro convidado, que trabalhava para um concorrente, presentear a todos com um conjunto de facas e garfos com cabos de madeira do rival. Clóvis simplesmente recolheu tudo e jogou na churrasqueira acesa, gritando que só podia haver talheres da Tramontina (esse episódio está registrado na autobiografia dele, *Tramontina*, 2022, p. 108). Sua obsessão era imensa, até mesmo ao entrar em um restaurante e ver que o estabelecimento não utilizava talheres da Tramontina, chorava.

Uma organização tem como objetivo ajudar pessoas normais, que se comportam de maneira normal, a completar tarefas com sucesso, dia após dia. Até aqui, a arte organizativa foi tremendamente eficiente e a humanidade nunca alcançou tanto em termos de capacidade produtiva e disponibilidade de bens e serviços. Grande parte dessa produtividade foi devida aos princípios tayloristas, bem como às disposições de Weber e Fayol. Era um momento em que a organização precisava se firmar perante a desorganização: a produção centralizada ante a produção descentralizada; a produção em grandes quantidades ante a produção em pequenas quantidades, sob demanda.

Porém passado esse momento inicial, logo surgiram questionamentos. As pessoas não eram formigas e rejeitavam serem tratadas como formigas. Desde então, a ciência da Administração tem tido um grande esforço em conjugar pessoas + recursos + tecnologia da melhor forma possível, para se alcançar os melhores resultados. Entendendo que as pessoas necessitam ser valorizadas como pessoas. Motivar seres humanos implica possibilitar que eles satisfaçam necessidades básicas como a autorrealização; a autoestima; o senso de controle sobre a própria vida; o senso de pertencer a uma comunidade; e a capacidade de viver de acordo com os ideais que imaginaram para si próprios.

A organização realiza, no nível micro, o que o Estado faz no nível macro: controle de condutas. O paradigma do Estado era o autoritário (monarquias absolutas) e virou o democrático. É possível acontecer isso com as empresas? A democracia nas empresas implica que o poder estaria dividido entre todos. Todos seriam donos. Este é o próprio sentido do termo: poder do povo.

Incluir na declaração de valores corporativos que a empresa considera todo funcionário como um dono é relativamente fácil. Tornar esse valor uma realidade é um desafio. Como bem colocado por Jim Collins, "a variável vital não é a ideologia em si de uma empresa, mas sim quanto ela acredita na ideologia que adota e como a vive, respira e expressa de forma coerente com suas ações" (COLLINS, 2020, p. 8). Um exemplo fácil: você coloca na sua declaração de valores que todo funcionário é dono e mantém o controle de ponto? O dono tem que ter a frequência controlada? Faz sentido?

Valores têm que ser autênticos — os donos precisam fazer o que falam ou, segundo a expressão em inglês, *walk the talk*. Fazer a fala andar. Transformar palavras em exemplos. Afinal, palavras inspiram, já exemplos arrastam. Por isso, também é importante que as empresas foquem em poucos valores essenciais — Collins fala em até seis. Porque, afinal de contas, é difícil ser autêntico em múltiplas dimensões de valor.

A importância de se definir um valor é que as pessoas tendem a agir de forma coerente ao valor quando o adotam discursivamente. Experimentos mostram que se eu disser publicamente que vou fazer uma dieta, emagreço mais do que se não comentar nada com ninguém. E se eu, além de anunciar publicamente que vou fazer uma dieta, estabelecer metas diárias de perda de peso e divulgar os resultados, vou emagrecer ainda mais. Logo, a mera afirmação de que, na minha empresa, todo funcionário deve se comportar como um dono faz com que as pessoas se inclinem a agir mais como donas.

Transformar todos em donos é a versão mais radical do *empowerment* — tem alguém mais poderoso do que o dono em uma empresa?

CONDICIONANTES DA AÇÃO EM AMBIENTES CORPORATIVOS

Uma empresa pode ser definida como um lugar onde há um conjunto de regras de trabalho, utilizadas para determinar quem pode tomar as decisões, quais ações podem ou não podem ser feitas, quais os procedimentos a serem seguidos, quais informações devem ou não ser prestadas e quais recompensas ou punições devem ser atribuídas a cada um, dependendo de suas ações.

Dentro das empresas, as pessoas estão sujeitas a interações repetidas e à interdependência. Portanto, o indivíduo em uma empresa não participa de um dilema do prisioneiro — uma situação de interdependência, mas na qual as pessoas precisam agir de modo independente. Ou seja, a melhor opção não será agir de acordo com o próprio interesse, imaginando que o outro sempre agirá também de acordo com o seu próprio interesse, ainda que o resultado final não seja o melhor possível para ambos. No ambiente corporativo, o próprio processo de organização faz com que situações, como o dilema do prisioneiro, não sejam possíveis e que sejam alcançados os melhores resultados possíveis para as ações simultâneas, não contingentes, interdependentes das pessoas que nela trabalham.

Elinor Ostrom, já citada anteriormente, introduziu o conceito de piscinas de recursos comuns (*common-pool resources*), aplicado a um sistema de recursos (naturais ou feitos pelo homem), que é suficientemente amplo para tornar custoso (mas não impossível) excluir algum potencial beneficiário de obter benefícios com o seu uso (ver *Governing the Commons*, 2015, p. 30). As empresas são piscinas de recursos comuns. Cada pessoa se beneficia da operação conjunta, com todos os outros.

> **Reed Hastings:** Se você dá aos seus funcionários mais liberdade ao invés de desenvolver processos para prevenir que eles exerçam seu melhor julgamento, eles vão tomar melhores decisões e será mais fácil responsabilizá-los (HASTINGS; MEYER; 2020, p. 23).

O pensador iluminista Immanuel Kant trouxe em sua obra a dimensão da autonomia. A humanidade estava saindo da menoridade, fase em que se sujeitava a obedecer a autoridades não objetivas — Deus, superstições, preconceitos... O novo ser humano, iluminado, responderia apenas a si mesmo ou à sua razão. O que inclui a capacidade de analisar consequências e se responsabilizar pelas consequências. Talvez esse seja um dos motivos para as grandes pressões dos trabalhadores desde o momento em que começaram a ser explorados nas fábricas. Naquele momento, o contexto geral da sociedade se movia para a democratização e a instauração dos valores iluministas. O contexto das fábricas se movia para a extração do máximo de valor de pessoas vistas como descartáveis.

O iluminismo chegou de fato às fábricas? A afirmação ainda é ousada, mesmo nos tempos atuais. No entanto, de fato, no contexto da chamada sociedade pós-industrial e com todas as transformações vivenciadas no mundo em geral, e no mundo do trabalho especificamente, há sinais de que a noção de autonomia das pessoas veio para ficar. Pessoas autônomas tomam melhores decisões e, uma vez que são elas que tomam as decisões, também é mais fácil que sejam responsabilizadas por suas decisões. Não por acaso, o livro do fundador e presidente da Netflix citado aqui é *A regra é não ter regras* (*No rules rules*).

> **Reed Hastings:** Quando você dá aos empregados de nível mais baixo acesso à informação que é usualmente reservada para executivos de alto nível, eles fazem mais por sua própria conta. Eles trabalham mais rápido, sem parar para pedir informações e aprovação. Eles tomam decisões melhores sem precisar de input dos níveis mais altos (HASTINGS; MEYER; 2020, p. 165).

Empodere as pessoas. O máximo que puder. Empodere até fazê-las se sentirem donas. Dessa forma, elas vão fazer mais por si próprias. Vão trabalhar mais rápido. Vão tomar as próprias decisões. Vão gastar o dinheiro da empresa como se fosse seu, por exemplo. Um exemplo concreto é o da própria Netflix. As pessoas não precisam preencher um pedido de compra e esperar pela aprovação para comprar qualquer coisa. Elas simplesmente compram e submetem o recibo para receberem um reembolso. As pessoas fazem assim em suas casas. Compram o que precisam, sabem se está dentro do orçamento do mês, entendem o conflito entre necessidade e capacidade. Por que não esperar que façam assim dentro da empresa? As pessoas são adultas em suas vidas pessoais, mas crianças em seus empregos?

> **Hubert Joly, CEO da Best Buy:** Também falei sobre minha filosofia de gestão, que gira em torno de pessoas, negócios e finanças – nessa ordem – , sendo o lucro um resultado e um imperativo, não o objetivo (JOLY, H. O coração do negócio, 2022, p. 132).

Hubert Joly, CEO da Best Buy, escreveu um livro de memórias, com o bem escolhido título de *O coração do negócio*, no qual narra sua longa trajetória de aprendizado, até compreender que as pessoas são o elemento mais importante em qualquer organização. Sua filosofia de negócios coloca as pessoas em primeiro lugar, sem ignorar que os resultados financeiros são importantes — "sendo o lucro um resultado e um imperativo, não o objetivo" (ver Regra nº 1 – *Ganhe dinheiro para viver. Não viva para ganhar dinheiro.*).

Se você continua a administrar o tempo, o espaço e o destino das pessoas que trabalham para você como se ainda não houvessem experimentado a democracia, a informática, a psicanálise, o resultado inexorável é uma produtividade medíocre. As pessoas reagirão como formigas. Em muitos casos, as empresas estão no último lugar da fila, bem atrasadas em relação à sociedade no tocante a algumas inovações e mudanças, como a igualdade entre os sexos, o trabalho remoto, a redução da jornada. As pessoas do século XXI buscam autonomia, o poder de decisão quanto ao que fazer ou não fazer. Perceba que isso só é possível se elas se considerarem patroas de si mesmas, sabia? Não é necessário medo: "quando as pessoas têm muito espaço para agir, ninguém pode prever exatamente o que elas farão — e isso é bom" (COLLINS, 2020, p. 166).

Evidentemente, há formas de checar desvios e comportamentos antiéticos. Há medidas (ver Regra nº 7 – *Meça tudo o que importa. E depois meça as suas medidas*). Há relatórios. Mas, *a priori*, a melhor política é considerar que todos são responsáveis e capazes de agir com autonomia. Fazendo uma analogia, é o mesmo princípio da presunção da inocência, adotado amplamente nos sistemas jurídicos ao redor do planeta. Quanto mais a empresa for capaz de transferir autonomia para o agir cotidiano das pessoas, melhores elas se tornam em tomar decisões corretas, em precisar envolver pessoas em outros níveis hierárquicos. E fica mais fácil montar estruturas mais flexíveis e aptas para fazerem as empresas voarem (ver Regra nº 4 – *A estrutura é para voar*).

A ESPIRAL DA OCULTAÇÃO DOS TALENTOS

Quando você trata as pessoas como formigas, um fenômeno análogo à espiral do silêncio[6] acontece nas empresas — a espiral da ocultação dos talentos. Quando as pessoas sentem que não são valorizadas, passam a esconder suas opiniões e até os seus talentos, com receio de que isso possa voltar contra si. Afinal, mostrar talento pode despertar a inveja dos chefes e dos colegas ou pode acabar resultando na atribuição de mais tarefas. Na verdade, demonstrar talento não faz parte da lógica da administração científica — que justamente se preocupou em garantir que a produção funcionasse independentemente do talento. E Andy Grove captou exatamente um momento como esse.

> **Andy Grove:** Permitam-me citar um exemplo ocorrido em uma certa fábrica de automóveis dos Estados Unidos. Na reunião em que fui informado de minha demissão, disseram-me: "Bill, geralmente as pessoas que se dão bem nessa empresa esperam até ouvir a opinião de seus superiores, e só então passam a apoiar essa opinião" (Grove, 1997, p. 111) (GROVE, 1997, p. 111).

Aquela empresa perdeu um grande funcionário, Bill, que tinha opiniões a dar e melhorias a fazer. A empresa preferiu manter seu padrão de controle e respeito formal hierárquico. Bill era um funcionário de si mesmo. Como tal, estava de olho nas oportunidades. Queria dedicar-se continuamente, obtendo vantagens competitivas individuais, ao mesmo tempo em que as traduzia em vantagens competitivas para a empresa de que fazia parte. Tudo isso foi embora com Bill. Para um concorrente.

Pode parecer difícil, mas como diz Laszlo Bock que passou pela experiência de ser vice-presidente sênior de operações de pessoas do Google, "tudo de que precisamos é acreditar que as pessoas são essencialmente boas e ter coragem suficiente para tratá-las como donos, em vez de como máquinas. As máquinas executam as tarefas para as quais estão programadas; os donos fazem o que for necessário para garantir o sucesso de suas equipes e empresas" (BOCK, 2019, p. 24). É acreditar que é possível transcender a visão hobbesiana da humanidade.

---

6. Na versão concebida por Elizabeth Noelle-Neumann (1974), a espiral do silêncio tem a ver na percepção que as pessoas têm das opiniões como majoritárias e minoritárias. Assim, de forma geral, se um indivíduo percebe que sua opinião não está de acordo com a opinião que considera ser a da maioria em um dado ambiente social, tende a se silenciar como forma de evitar consequências negativas para si.

Apesar de fácil, a filosofia de compreender a todos como donos precisa ser uma realidade permanente. A liberdade para dar opiniões sem medo precisa de muitos anos de conduta consistente para que as pessoas realmente percam o medo de serem punidas e mandadas embora, como aconteceu com o Bill. Um caso como o de Bill faz com que todos voltem a ficar inibidos. É o tipo de notícia que se espalha como rastilho de pólvora pela empresa e, uma vez que o medo tenha tomado conta do ambiente, é difícil reverter.

Vivemos na aldeia global imaginada por Marshall McLuhan há várias décadas. A internet é onipresente e as relações virtuais prevalecem sobre as físicas. As distâncias espaço-temporais estão cada vez mais anuladas. Os carros voadores são uma realidade próxima. Viagens espaciais são quase rotina. Mesmo assim, em nome de uma visão ultrapassada da natureza humana, as empresas continuam atiçando a guerra de todos contra todos, criando empecilhos à cooperação e à autogestão.

Como já mencionado várias vezes nesse livro, o mundo está em mudança e a velocidade da mudança está se acelerando. Cada vez mais serão indispensáveis pessoas capazes de se adaptarem aos novos tempos e contribuírem para que as empresas estejam também adaptadas. Pessoas que consigam lidar com um fluxo interminável de contingências mutantes, todos os dias. Pessoas que sabem esperar o inesperado e lidar com o inevitável. Pessoas que não precisem ocultar os seus talentos.

Bob Iger: Se o passado me ensinou alguma coisa foi que, com uma empresa desse tamanho, com uma presença tão grande no mundo e com tantos funcionários, algo imprevisível sempre acontecerá; más notícias se tornam inevitáveis (IGER, 2020, p. 276).

COMPORTAMENTO: AÇÃO E REAÇÃO

O comportamento individual no ambiente empresarial gera uma reação ambiental — as pessoas têm feedbacks instantâneos sobre suas ações (as reações dos colegas). Determinadas atitudes tendem a desencadear uma série de fatores sociopsicológicos, que passam a compor o pano de fundo, a partir do qual se avaliam as possíveis consequências de cada atitude. Isso faz parte do próprio processo de aculturamento e tem base no medo do isolamento. Caso se trate da adaptação a uma cultura saudável, o processo é positivo. Porém, no caso de culturas tóxicas ou que não saibam valorizar o indivíduo, pode resultar na espiral da ocultação dos talentos.

O desejo de manter um nível mínimo de autoestima e assegurar o apoio social dos colegas leva as pessoas a exagerar o grau de similaridade entre elas e as outras. Dessa forma, se o ambiente sinaliza que as pessoas não são valorizadas ou, como no exemplo citado por Andy Grove, que as pessoas só devam apoiar uma opinião ou revelar uma atitude após saber como se comportaria o chefe, então as pessoas vão ocultar os seus talentos e omitir as suas opiniões. A piscina comum fica consideravelmente mais vazia.

Por medo, a pessoa sente-se desencorajada a se expressar, inclusive, no tocante ao que poderia melhorar o seu trabalho. Isso porque as pessoas são colocadas em um lugar estático, de autômatos, lugares que não são para pessoas, e sim para máquinas (como, de fato, as pessoas nesses lugares têm sido aceleradamente substituídas por máquinas).

Na verdade, a determinação de um lugar estático tem um propósito claro: se eu deixar que meu empregado coopere, evolua e cresça, certamente aumentará o nível de crítica. Investir no potencial do trabalhador traz melhores resultados, mas também demanda superiores mais bem preparados, capazes de lidar com divergências, e isso ainda é raro. O lugar do chefe ainda é também estático: chefes não são permeáveis a relações dialógicas, são mais como condicionadores a Pavlov.

Empoderar as pessoas, confiar nelas é ainda mais importante diante de um mundo que muda mais depressa do que as regras dão conta de acompanhar. Na total impossibilidade de se prever tudo o que pode acontecer — e coisas diferentes vão acontecer — é melhor ter pessoas confiáveis, aderentes aos valores culturais da empresa, que vão tomar as melhores decisões possíveis independentemente das circunstâncias que se apresentarem.

> **Jack Welch:** Olha, crises acontecem. Enquanto as empresas forem constituídas por seres humanos, haverá erros, controvérsias e desastres. Haverá acidentes, roubo e fraude. A verdade nua e crua é que é inevitável a presença de algum grau de comportamento indesejado e inaceitável. Se as pessoas sempre seguissem as regras, não haveria forças policiais, tribunais nem prisões (WELCH, 2020, p. 151).

Como Jack Welch bem apontou: crises vão acontecer. Pessoas são pessoas, e enquanto as empresas forem constituídas por pessoas, haverá erros, controvérsias e desastres. Entretanto a abordagem da administração científica, de tentar controlar tudo e, na ânsia desse controle, reduzir cada pessoa a um autômato — que entrasse, fizesse suas funções repetidamente ao longo de toda a jornada, sem reclamar, e depois saísse para casa — simplesmente é irreal. Não funcionou e nem funcionará. Pessoas são pessoas. Melhor confiar nelas. Ainda que algumas vezes se tenha que lidar com as consequências de comportamentos desviantes.

A única forma de conseguir produzir uma vontade comum nas empresas, alinhada ao propósito empresarial e, portanto, transcendente aos interesses conflitantes de patrões e empregados, é por meio do compromisso. As pessoas estão sempre em fluxo, tecendo a si próprias através de suas relações. Pessoas reais têm seus interesses e vontades, mas são capazes de assumir compromissos com outras vontades e interesses. Afinal, o ser humano é um animal político, gregário, talhado para viver junto.

Paradoxalmente (ou não) a ênfase no indivíduo, a valorização da pessoa é o caminho para a criação de um grupal que é maior do que os individuais. Quando as decisões e vivências são compromissadas, há interpenetração dos interesses, vontades, desejos, pensamentos etc., e o centro da consciência se desloca do singular para o coletivo. É dessa forma que a comunidade cria propósito, continuamente.

A lealdade das pessoas é parte integrante da atividade que fazem e que, ao mesmo tempo, as cria. A lealdade é dinâmica: as pessoas são leais aos processos e às atividades quando se sentem partes valorizadas. Não são leais a algo acabado, feito. O processo de integração das pessoas e de criação de uma vontade comum, de um propósito, é essencialmente criativo. Esse tipo de lealdade dá significado ao trabalho das pessoas e traz de volta a moral para as relações — desmoralizadas pelo caráter mercadológico, os impingido ao trabalho considerado simplesmente como mercadoria. Lembrando que os mais poderosos movimentos da história tiveram motivações morais. Pense nos movimentos de independência das nações, como a Revolução Francesa.

> **Akio Morita:** As companhias de maior sucesso no Japão são justamente aquelas que souberam criar uma espécie de destino comum entre todos seus empregados (MORITA, 1995, p. 143).

Como o Morita apontou, empresas bem-sucedidas conseguem criar comunidades — a sensação de pertencimento, de que se partilha um destino comum. Em outra obra publicada pela Alta Books, *Empresas com Propósito*, eu e meu coautor, Roberto Campos, afirmamos que propósito é destino. Aqui talvez esteja um bom exemplo do que queríamos dizer. Criar uma comunidade é instaurar uma moral, ou seja, criar algo que é fundamentalmente diferente das relações impessoais, digitais e frias do mercado — entre desconhecidos. Trata-se da relação quente, analógica, construída dia a dia, da moralidade, com suas normas de reciprocidade e apoio mútuo.

Volto a insistir, não se trata de ingenuidade. Como Welch colocou, haverá aqueles que são capazes e vão ter a disposição de enganar. Porém saber isso não deve nos deixar pessimistas. Desconfiar da natureza humana é natural — afinal, nossa história em comum revela diversos momentos em que preponderaram o egoísmo e a traição. Por outro lado, essa desconfiança abre a porta para um tipo diferente de confiança na humanidade — uma confiança baseada na coragem.

Quem aborda bem isso é Jordan Peterson, o autor que nos inspirou a propor este livro com este formato.

> Confiarei em você — lhe estenderei minha mão — apesar do risco de traição, pois é possível, por meio da confiança, fazer aflorar o que há de melhor em você, e talvez em mim. Portanto, aceitarei um risco substancial ao abrir a porta à cooperação e à negociação. E ainda que você de fato me traia, de maneira que não seja tão imperdoável (se houver, digamos, certa dose de desculpas genuínas e de arrependimento), continuarei a lhe estender minha mão. E parte desse processo envolve lhe contar o que estou sentindo (PETERSON, 2021, p. 105).

Não é ingenuidade. É coragem. Não se trata de uma ilusão, nem de dizer que as empresas vão se transformar subitamente em democracias diretas, com todos os funcionários decidindo sobre tudo. Como já até comentei em outro lugar desse livro, a quantidade de pessoas que efetivamente tomam as principais decisões nas empresas é pequena e assim deve continuar. No entanto, isso não deve impedir que as pessoas participem ao máximo, podendo se sentir como parte de algo maior, sem se deixarem intimidar pelo gigantismo da empresa como um todo.

> **Ricardo Semler:** O número de pessoas que decide os rumos da empresa e efetivamente controla o seu destino raramente passa de meia dúzia, mesmo quando há milhares de pessoas na organização. Esta brutal concentração de poderes faz com que as pessoas desistam de fazer parte de algo maior com o passar do tempo, na medida em que enxergam a sua ínfima envergadura diante do gigantismo da empresa (SEMLER, 2002, p. 112).

Ricardo Semler teve o seu momento eureca quando se tornou presidente da Semco, uma empresa pertencente à sua família. Ressalte-se que esses momentos são mais difíceis em empresas familiares, nas quais pesa toda uma tradição. Registrou sua trajetória no *best-seller Virando a própria mesa*. Entre outras reflexões, Semler lembrou-se que a estrutura real de poder e respeito não consegue ser imposta pela tecnocracia, com seus organogramas e propostas de estruturas. Para Semler, "o respeito e o poder organizacional precisam acontecer na prática e no cotidiano para terem qualquer validade" (SEMLER, 2002, p. 180). Esse acontecer na prática e no cotidiano tem a ver com o resgate da moralidade nas relações. Isso se confirma por vários estudos sobre liderança, autoridade e poder nas organizações.

> **Henry Ford:** Alguns dos nossos melhores achados foram devidos a deixarmos os loucos insistirem no que os sábios haviam abandonado (...) eu recuso admitir impossíveis. Não vejo ninguém bastante sábio em qualquer matéria para afirmar que uma coisa seja possível ou não (FORD, 1954, p. 74).

Às vezes, é preciso deixar os loucos agirem. Quanto da loucura na verdade não é falta de compreensão? Que os loucos iriam confundir os sábios foi predito pelo Apóstolo Paulo. Quando as pessoas são valorizadas e têm autonomia, elas conseguem entregar o seu melhor. E esse melhor que entregam compensa, em muito, os eventuais desvios. Quando se confia nas pessoas e, com elas, constitui-se uma comunidade, o impossível tem dificuldades em resistir. A regra é: não crie formigas e sua empresa não será um formigueiro.

REGRA Nº 10. VIDA REAL

Akio Morita é o lendário cofundador da Sony e um dos responsáveis pelo tremendo sucesso da empresa nas últimas décadas, inclusive, pela sua expansão para fora do Japão. Reconhecendo o papel das pessoas, Morita destaca que as empresas bem-sucedidas são aquelas que conseguem criar um senso de destino comum entre as pessoas. Em outras palavras, aquelas que conseguem entrelaçar os propósitos pessoais ao propósito organizacional, em um amálgama tão sólido quanto fluido. E Morita fazia o que falava com integridade. Logo no início da entrada da Sony no mercado norte-americano, Morita conta um episódio em que não aceitou um pedido gigantesco, por raciocinar que outros pedidos do mesmo tamanho não se seguiriam, então as pessoas que ele precisaria contratar para dar conta do pedido teriam que ser demitidas, e esta não seria uma forma adequada de tratamento para com colaboradores da Sony. Um pensamento preemptivo e profundamente compromissado com as pessoas. Afinal, pessoas não são formigas.

CAPÍTULO 11

SEJA MÚLTIPLO E COM INTEGRIDADE

UMA EMPRESA DE MIL FACES?

Você pode estar se perguntando: por que este gosto de enunciar as regras como se fossem paradoxos? O paradoxo fecunda o pensamento. Entendo os paradoxos como miniexemplos do funcionamento da dialética: tenciona-se uma tese e uma antítese e você tem que fazer uma síntese instantânea para poder alcançar compreensão. No caso: ser íntegro é ser total, único e, ao mesmo tempo, ser múltiplo é ter diversas facetas. A tensão entre essa tese e essa antítese coloca as empresas em um lugar muito especial no mundo.

Cada pessoa, organização e entidade interagem com uma face da empresa, que vão enxergar a partir de um ponto de vista. Cabe à empresa conseguir apresentar cada face sua da melhor maneira possível. Isso é ser íntegra. A empresa lida com muitos públicos e o interesse/envolvimento desses públicos com a empresa é diferenciado. Isso é ser múltipla.

A empresa deverá se relacionar com cada um dos seus públicos em sintonia com seus interesses e nível de envolvimento, sem perder a dimensão de sua integridade, o que significa, em outros termos, respeitar seus valores e princípios. Vale aqui a analogia com os seres humanos. Nós temos diversos traços de personalidade, somos complexos, mas integramos tudo em uma identidade que é percebida como única por quem nos conhece. Cada pessoa com quem nos relacionamos apreende uma faceta de nossa personalidade: a forma como nos relacionamos com nossos filhos, parentes, amigos próximos e amigos distantes varia. Porém cada um deles saberá apontar quem somos, qual é a nossa identidade.

SUPERANDO A DIMENSÃO DOS ACIONISTAS-PROPRIETÁRIOS

Durante muito tempo, prevaleceu a noção de que a empresa existia exclusivamente para dar lucro (ver Regra nº 1 – *Ganhar dinheiro para viver, e não viver para ganhar dinheiro.*). Essa visão leva à implicação lógica de que o único público que importaria para as empresas, afinal, seriam seus donos ou seus acionistas. Quando propôs o conceito de *stakeholders*, Robert Edward Freeman constatou o óbvio: na verdade, a empresa não é uma ilha, pois relaciona-se com uma multiplicidade de públicos, com os mais diversos interesses, e precisa, em cada relacionamento, buscar alcançar um diálogo produtivo. Por isso precisa ver em que medida os interesses podem ser compatibilizados.

Alfred Sloan: Isto ainda me parece inquestionável. Para mim, o objetivo estratégico de uma empresa é o retorno sobre o capital e se, em qualquer caso em particular, o retorno em longo prazo não é satisfatório, a deficiência deve ser corrigida ou a atividade abandonada em favor de outra mais favorável (SLOAN, 2001, p. 41).

Sloan é um exemplo de alguém que privilegiava a visão do acionista. Para ele, era inquestionável que o retorno sobre o capital deveria ser o objetivo estratégico da empresa. Para estar completamente alinhado com isso, ele mesmo se tornou um acionista da GM. Sim, Sloan tinha razão, o acionista deve ter o retorno de seu capital e essa perspectiva é, como já dissemos, parte do sistema capitalista. Se não fosse assim, sem essa possibilidade de alavancagem, certamente o nível de investimento nas sociedades seria bem menor. Por outro lado, como o próprio Sloan afirmou em outro momento de sua obra, é importante levar em consideração as responsabilidades para com outros *stakeholders*: funcionários, clientes, parceiros comerciais e sociedade em geral.

Isto é: atender e garantir o interesse do dono/acionista é um grande objetivo. Por esse motivo se deve extrapolar para a Doutrina Friedman: da exclusividade da busca ao lucro é um passo muito grande. E um passo errado. Friedman confundiu meios com fins, mapa com território, modelo com vida real.

Em seu livro de memórias, *Jogue limpo, mas vença*, Michael Dell escreveu sobre o processo que atravessou para fechar o capital de sua empresa. Dell tinha uma visão de para onde a Dell Computers deveria ir e sobre quais seriam as decisões estratégicas que precisariam ser tomadas. Ele acreditava que havia um caminho melhor para satisfação dos clientes. Porém, ele também entendia que essas decisões iriam produzir um clima incompatível com o nível de acompanhamento e estresse dos acionistas. Ele registra: "os riscos que estamos assumindo farão com que a estrada adiante seja irregular, com reveses inevitáveis — uma situação provavelmente incerta para o gosto dos nossos acionistas de capital aberto. A transformação de uma empresa de capital aberto tem um limite" (DELL, 2022, p. 132).

Dell estava falando exatamente sobre os entraves provocados pela visão de dar primazia ao interesse dos acionistas. O processo decisório em uma empresa de capital aberto leva a considerações sobre impactos imediatos no preço das ações, que serão apresentados ao mundo trimestralmente. Lidar com isso trazia um efeito limitador prático para as decisões, bem como uma terrível armadilha psicológica.

> **Michael Dell:** O nosso jeito anterior de trabalhar teria sido assim: "se fizermos tantas contratações, os ganhos por ação estarão dois centavos de dólar mais baixos no próximo trimestre e não alcançaremos as estimativas". Agora, nosso jeito de agir era assim: "não, não. Pare de pensar demais. Vá fazer o investimento" (DELL, 2022, p. 228).

Evidentemente, a solução radical de fechar o capital não é o único caminho. Já mencionei anteriormente o caso do Google que, ao longo do próprio processo de abertura de capital, deixou várias advertências de que não adotaria o lucro como critério principal no seu processo decisório. Focar no lucro é focar em manter a temperatura dos pacientes em um limite saudável.

> **Hubert Joly:** Lucro não é uma boa medida de desempenho econômico. O lucro não leva em conta o impacto de um empreendimento econômico na sociedade (...) o lucro como foco único é perigoso. (...) imagine um médico que seja recompensado apenas por manter a temperatura dos seus pacientes num limite saudável (JOLY, 2022, p. 61).

A integridade não é incompatível com a multiplicidade. Quando a empresa trata todos os públicos de maneira igual, dando primazia sempre aos seus próprios interesses, isso resulta em uma das formas de mau comportamento, como será discutido na Regra nº 12 – *Comporte-se como a costura do tecido social*. Como dito anteriormente, não é mais possível para as empresas empregar o artifício de Ulisses, que enganou o ciclope Polifemo com o manto do "todos" que é "ninguém". Empresas não são burocracias desalmadas, maquínicas, como teorizadas por Weber.

Ser múltiplo mas com integridade é diferente de ser parcial. A primazia do atendimento ao acionista é um tipo de parcialidade. Porém ser múltiplo e com integridade implica respeitar e ampliar o espaço para os diálogos significativos com cada público. O camaleão é o mesmo, as cores são diferentes. A moral anonimizada da burocracia weberiana não precisa ter como contrapartida o anonimato moralizado.

Weber estava correto ao apontar para a superioridade da burocracia do ponto de vista técnico. Contudo deixou de antever alguns riscos inerentes ao seu modelo, como o de que a burocracia talvez se tornasse uma confraria, com os compadres sendo os conhecedores dos segredos dos regulamentos e das portarias. Respostas como: "é o sistema; o sistema não deixa"; são indícios da presença dessa mentalidade. É uma burocracia que opera com base na autoridade vazia, então a integridade vira desculpa para a irresponsabilidade. Ninguém é responsável por nada, tudo "é o sistema".

Para evitar isso, a empresa precisa atuar como artesã dos relacionamentos, lapidando possibilidades de compatibilidade de interesses entre si e seus diversos públicos, "a partir" de cada público e não "apesar" de cada público. As empresas não são ilhas: não podem se colocar em posição antitética à sociedade.

QUEM SÃO OS PÚBLICOS?

Passarei a propor uma reflexão sobre os públicos, para dar mais substância ao que pretendo sugerir com esta regra. É legítimo que a empresa tenha uma preocupação grande com seus donos e acionistas. A lógica inerente ao capitalismo é que o capitalista, que colocou seu capital em risco, tenha resultados positivos e que o mantenham interessado em seguir investindo. A partir do trabalho de Joseph Schumpeter, o papel do empreendedor ganhou ainda mais destaque e uma sólida concepção teórica.

Por outro lado, a criação da sociedade anônima foi uma revolução para o mundo empresarial. Ao abrir uma porta para a grande e instantânea injeção de capital, as empresas puderam utilizar essas sociedades para dar saltos de crescimento. Em termos financeiros, as sociedades por ações representaram uma tremenda alavancagem para as empresas.

Histórias como a da Nike e da Dell, relatadas nas memórias de seus fundadores, são exemplos disso. As empresas passaram por terríveis estrangulamentos de caixa, e houve momentos em que seus fundadores acharam que não iriam conseguir sobreviver. Possivelmente, encontrariam soluções sem a abertura de capital, contudo, com certeza sua trajetória e potencial de crescimento seria bastante diferente (ver Regra nº 4 – *A estrutura é para voar* e Regra nº 5 – *Mantenha a alma de quando começou*). A abertura do capital, para ambas, foi um momento de libertação das correntes e um caixa estrangulado.

O que representa atender e garantir o interesse do dono/acionista? Qual é o nível de resultado esperado? Qual é o nível de responsabilidade? Relatórios financeiros e detalhados trimestrais tornaram-se uma realidade na Wall Street, após a quebra da Bolsa de Nova York em 1929. Legitimamente, as pessoas queriam mais informações, para se prevenirem de desastres semelhantes. No entanto o que era para ser uma salvaguarda se transformou em uma paranoia.

> **Alfred Sloan:** Fizemos um trabalho respeitável para os acionistas, sem negligenciar nossas responsabilidades para com nossos funcionários, clientes, revendedores, fornecedores e a comunidade (SLOAN, 2001, p. 181).

Um manifestante solitário com um cartaz na porta da sua empresa, reivindicando uma maior atuação ambiental, é um público. Ele enxerga a empresa sob uma perspectiva específica. Apesar de ele não ter legitimidade ou poder, tem, na sua visão, uma reivindicação urgente, que o mobilizou a estar ali. A empresa deve mostrar a ele sua melhor face possível — promover seu acolhimento, registrar sua posição, mostrar do que é feito. Do contrário, esse manifestante será como um mosquito zumbindo nas orelhas da empresa — pode não ter poder de fazer muito dano, mas que vai causar um incômodo isso vai.

Uma entidade que a empresa apoia com doações filantrópicas é um público. A empresa pode considerar que se trata de uma transação *once-for-all*, de via de mão única — “fiz a doação, coloquei em meu relatório socioambiental e agora não tenho mais nada a ver com isso". Mas não, isso não. O que as entidades beneficiadas estão fazendo com as doações, quais os resultados, tudo isso é de interesse também da empresa doadora.

Esses dois exemplos — manifestante isolado, entidade beneficiada — podem estar incluídos no termo mais amplo utilizado por Sloan: comunidade. É interessante ressaltar que mesmo Sloan — um ferrenho defensor da visão de que o retorno sobre o investimento deveria ser a principal métrica e a razão de ser da empresa — assumiu que o retorno ao acionista deveria ser conjugado às responsabilidades para com *os* "funcionários, os clientes, os revendedores, os fornecedores e a comunidade".

A alta direção das empresas é outro público importante. A relação entre a empresa e essas pessoas gerou, inclusive, uma vertente teórica importante — a já citada a teoria do agente principal, formulada por Jensen e Meckling, alunos de Milton Friedman. Importante realçar essa condição, pois Jensen e Meckling partem dos mesmos princípios da também já citada Doutrina Friedman. A maior preocupação deles era que os diretores, diante de sociedades por ações, em que os donos eram pulverizados, tinham condições de deixar de atender ao interesse do acionista para atenderem aos próprios interesses.

Os donos (acionistas) delegam a autoridade para a tomada de decisões aos dirigentes profissionais. Em virtude de os diretores terem muito menos a perder do que os donos, os diretores muitas vezes buscam níveis aceitáveis (em vez de máximos) de lucro e de riqueza do acionista, enquanto se preocupam com os próprios interesses.

> **Sam Walton:** Muita coisa do que acontece hoje em dia com companhias que voam de luxo e com esses diretores-executivos que ganham demais, e que estão na realidade saqueando lá do alto sem pensar em outra coisa a não ser neles mesmos, realmente me preocupa. É uma das coisas mais erradas com a atividade comercial americana hoje (WALTON, 2018, p. 8).

O testemunho de Sam Walton vem ao cerne do que falamos em termos de dar primazia aos interesses dos diretores. Na verdade, esse tipo de exemplo é muito comum e qualquer um poderia apresentar vários. O que não justifica as premissas teóricas da Doutrina Friedman (de que se deve dar exclusivamente primazia aos interesses dos acionistas). Quando houve a fusão entre a Brahma e a Antarctica, para a criação da Ambev (Companhia de Bebidas das Américas), os donos da Brahma relataram que "Os antigos administradores pareciam não se importar com a obsolescência. Preferiam investir numa reluzente frota de carros — havia mil automóveis nos estacionamentos da empresa e outros quarenta Opalas Comodoro estavam encomendados. Os diretores tinham direito a quarenta e cinco dias de férias por ano. Os salários eram em média 30% mais altos que os do mercado — com distribuição de 14º e 15º salário (para cargos acima da gerência)" (CORREA, 2013, p. 126).

Em situação similar, quando a Inbev foi fazer a aquisição da Anheuser-Busch, constatou-se que os diretores daquela cervejaria "tinham à disposição uma frota de aeronaves — a 'Air Bud', com seis jatinhos e dois helicópteros, que empregava vinte pilotos. Quem não conseguia um lugar nos aviões da companhia estava autorizado a viajar de primeira classe. Hospedagens eram sempre em hotéis cinco estrelas, como o The Pierre, em Nova York, e jantares de trabalho triviais batiam na casa dos mil dólares" (CORREA, 2013, p. 23).

Beto Sicupira, lendário investidor brasileiro, ao assumir a gestão das Lojas Americanas, mexeu com o sistema de remuneração variável dos executivos. Era tão fácil alcançar as metas estabelecidas que, mesmo com a empresa apresentando resultados medíocres, os bônus continuavam a ser distribuídos. Os diretores aplicavam a correção monetária ao ativo, e não ao passivo, distorcendo claramente os resultados. Todas essas são situações terríveis e representam casos de viés pró-diretores.

Os funcionários da empresa são outro público de interesse importante. Como devem ser tratados? Como já argumentamos, todos deveriam ter mentalidade de dono (ver Regra nº 10 – *Não crie formigueiros*). Isso significa, na prática, criar condições para que todos venham a ser donos de fato, ainda que proprietários de uma pequena quantidade de ações. Mesmo que o valor monetário da sua participação acionária não seja tão significante, o efeito psicológico é grande.

O que não deve acontecer é chamar seu funcionário de dono, de coproprietário, e tratá-lo como vagabundo. Se você quer que seus funcionários se sintam como donos, trate-os como donos. Frederic Laloux, em seu livro brilhante, intitulado *Reinventando as organizações*, traz exemplos drásticos, para alguns até impensáveis, do que acontece quando se dá autonomia aos funcionários.

Uma secretária necessita comprar um computador? Que ela se dirija à loja mais próxima e compre o computador que desejar, enviando a nota fiscal depois para ser reembolsada. Como essa secretária se sente coproprietária, com o consequente sentimento de responsabilidade, espera-se que não compre um computador com funcionalidades muito além das que necessita, apenas por luxo. Também se espera que busque um computador que seja compatível aos recursos já disponibilizados pela empresa — como softwares, rede etc. Se tiver dúvidas, espera-se que a secretária as esclareça, antes de fazer a compra. De qualquer modo, quando aplicada essa filosofia à empresa como um todo, pode-se até imaginar que a empresa funcione sem um departamento de compras.

> **Sam Walton:** Começamos a chamar os trabalhadores das nossas lojas de "associados", em lugar de empregados. Isso pode não parecer nada de mais a algumas pessoas, e estão certas. Não teria significado nada se não adotássemos outras medidas para tornar real a expressão, para torná-la mais do que palavras bonitas (WALTON, 2018, p. 116).

De fato, na versão mais radical, Laloux fala e apresenta exemplos de empresas onde não existem as chamadas áreas-meio (aquelas áreas voltadas somente para o apoio de outras). Gestão de Pessoas, Suprimentos... Tudo é feito pelas próprias pessoas das áreas-finais. Mesmo em situações que aparentemente não teriam espaço para esse nível de autonomia, Laloux encontra exemplos. Em uma fábrica, o tempo de máquina é considerado, usualmente, como uma etapa limite, algo que precisa ser respeitado e teria prioridade sobre outras decisões. Contudo Laloux mostra uma fábrica em que os funcionários do chão de fábrica conseguiram se organizar melhor e definir turnos e horários mais saudáveis, além de compatíveis com níveis maiores de produtividade, por si mesmos.

Outro público vital: os clientes. Como lidar com eles? A frase o cliente tem sempre razão é famosa, mas não retrata adequadamente todas as formas de lidar com os clientes. Ford dizia que se você fosse perguntar aos clientes o que eles queriam, eles iriam responder que desejavam um cavalo mais rápido. Morita disse algo parecido ao explicar como a Sony decidiu lançar o videocassete, um produto que os clientes não tinham pedido, até porque não tinham condições de imaginar que seria possível. Steve Jobs idem. Enfim, ao menos de um ponto de vista de decisões de oferta de produtos inovadores, sabemos que os clientes não são muito confiáveis.

Porém, considerando o propósito da empresa como satisfazer a alguma necessidade social, será, sim, dos clientes que virá a garantia de sucesso para a empresa. Nas palavras de Henry Ford, atender ao maior número possível de criaturas.

> **Henry Ford:** A ideia da indústria, qual é? Não é produzir dinheiro. É realizar uma ideia útil e multiplicá-la de modo que atenda às necessidades do maior número possível de criaturas (FORD, 1954, p. 111).

Sam Walton traz uma visão que dialoga muito com essa noção de cumprimento do propósito. Segundo ele, o mero bom funcionamento da empresa, de acordo com uma premissa de manter o foco do cliente, e não o foco no cliente, já seria uma forma de responsividade a esse importante *stakeholder*. A certa altura, Walton estimava que sua política de descontos representasse treze bilhões de dólares a menos, pagos pelos clientes. Esses treze bilhões de dólares economizados eram recursos que as pessoas podiam empregar em qualquer outra coisa, melhorando seu padrão de vida.

> **Sam Walton:** São 13 bilhões que são produto de um sistema de livre mercado que nos permite operar de maneira eficiente, e é por isso que nossos clientes nos apreciam tanto. A verdade é que o Walmart tem sido uma força poderosa na melhoria do padrão de vida nas nossas áreas mais rurais, e os clientes sabem disso (WALTON, 2018, p. 212).

Sindicatos são outro *stakeholder*. Empresas norte-americanas, como Amazon e Starbucks, lutam para evitar que seus funcionários sejam sindicalizados. Walt Disney sentiu-se apunhalado pelas costas quando surgiu o sindicato entre seus funcionários. Será que essa é a melhor forma de lidar com isso?

A aversão aos sindicatos tem uma explicação básica: a primazia dos interesses dos acionistas e a compreensão de que o principal interesse destes é o lucro, a Doutrina Friedman (na verdade, o próprio Friedman a batizou assim em um artigo para o *The New York Times).* Os sindicatos aumentam o poder dos trabalhadores, que vão lidar com a empresa em bloco e não mais individualmente. Com isso, a primeira percepção é: vão querer salários mais altos e, portanto, os lucros serão menores. Será que deve ser essa a forma de diálogo e postura perante os sindicatos?

Fornecedores também já foram compreendidos como adversários. A noção era de um jogo de soma-zero: o que um ganha, o outro perde. Essa visão era tão forte que, por um tempo, a solução proposta era que a empresa fizesse tudo para não depender de fornecedores. Entretanto essa é uma área em que houve grandes mudanças de mentalidade. Um exemplo de como manter um diálogo significativo pode ser transformador. Sam Walton relata em suas memórias como o Walmart viveu anos às turras com a Procter & Gamble, até o momento em que assentou com o principal executivo daquele fornecedor e traçou os rumos de uma nova situação cooperativa para ambas as empresas, um verdadeiro jogo "ganha-ganha".

Just-in-time e *supply chain management* são conceitos que se incorporaram definitivamente ao arcabouço de governança das relações empresariais. Estoque é o custo e quaisquer medidas que viabilizem sua redução significam menos custos. Para que a gestão de cadeia de suprimentos funcione adequadamente, no entanto, é necessário um grau de confiança elevado. Os melhores casos do mercado sempre trazem parceiros compartilhando estruturas, sistemas de informação e pessoas, conseguindo chegar a acordos razoáveis sobre margens de lucro de cada um. Enfim, aquilo que aqui estamos chamando de diálogos significativos.

Concorrentes são *stakeholders*. No âmbito do sistema capitalista, o diálogo com os concorrentes tem a tradição de ser considerado difícil. Seja por ser um campo para hostilidades, quando a concorrência é muito agressiva, seja pelo risco de ser visto, pela sociedade, como um conluio ou cartel. Acredito ser possível um diálogo significativo com concorrentes, que produza resultados benéficos para todos, inclusive, para a sociedade. Talvez concorrentes que atuem juntos para reduzir uma determinada externalidade, por exemplo.

De uma empresa brasileira, a Tramontina, resgatamos um episódio de respeito convencional a um concorrente. A Tramontina tinha desenvolvido uma linha de alumínio com antiaderente (que viria a ter o nome de Starflon). O então presidente da empresa, Clóvis Tramontina, não autorizou o seu lançamento porque um de seus concorrentes, a Panex, tinha uma linha parecida. Clóvis não queria provocar uma concorrência agressiva. A Starflon acabou sendo lançada em 1996, quando o então presidente da Panex, Nelson Cury, vendeu a empresa para uma multinacional norte-americana. E foi um sucesso, vindo a se tornar líder no segmento. Ambientes concorrenciais muito agressivos, com guerra de preços, por exemplo, não costumam ser bons para ninguém.

O governo é outro *stakeholder* importante. Os impostos, por exemplo, são uma questão estratégica. Regulamentações podem fazer com que empresas desapareçam de uma hora para a outra. Em situações extremas, governos podem se valer de seu poder político para promover expropriações, nacionalizando empresas. Com as empresas se tornando cada vez maiores e com seu poderio crescente, um tema que vem chamando atenção, mesmo entre economistas liberais (Daron Acemoglu e James Robinson, por exemplo), é o papel que as empresas exercem no mundo político.

Ford exagerou ao dizer que nunca se serviria da empresa para fins políticos. Contudo demonstrou grande presciência ao anotar que a intervenção da empresa distorceria as preferências populares, o que é fato, pela assimetria de recursos. A própria teoria econômica da democracia liberal aponta como um dos problemas a possibilidade de maior influência política de quem tem mais poderio econômico.

Henry Ford: Nunca, por nenhum outro motivo, nos servimos da nossa organização industrial para fins políticos e jamais o faremos. Acho que o povo tem o direito de ter suas preferências (FORD, 1954, p. 179).

A sociedade como um todo é um *stakeholder*. Antônio Ermírio de Moraes, já citado, tinha clareza dessa compreensão. As empresas deveriam pagar impostos, porque pagar impostos era uma contribuição para a sociedade. E deveriam gerar empregos, outra contribuição para a sociedade. Segundo ele, sua filosofia partia da "ideia de que os empresários, além de pagar impostos, tinham a responsabilidade de ajudar na melhoria das condições de educação, saúde e bem-estar da população" (PASTORE, 2013, p. 310).

Antônio Ermírio de Moraes: A riqueza do Grupo Votorantim está nas suas fábricas e na capacidade de gerar empregos e impostos (PASTORE, 2013, p. 92).

Antônio Ermírio de Moraes sobre como influenciar a nova geração: Procuro induzir na nova geração que a riqueza externa não interessa. O que importa é a função social (PASTORE, 2013, p. 62).

Vou finalizar este tópico lembrando uma situação vivenciada por Akio Morita. Bem no início da Sony, ele recebeu a proposta de um grande contrato, de cem mil unidades, mas após ponderar bastante, Morita não aceitou o contrato. Ele pensou: a aceitação de um pedido tão grande implicaria a construção ou locação de novas instalações para a produção. Como não havia garantia de que seriam mantidos pedidos nesses mesmos níveis, não havia como prever que os lucros seriam suficientes para cobrir, pelo menos, os custos das novas instalações durante a fase de produção. Ele lembrou: "no Japão, nós não podemos contratar e demitir pessoal na dependência das nossas encomendas; tradicionalmente, patrões e empregados assumem um compromisso mútuo de longo prazo que frequentemente dura uma vida inteira" (MORITA, 1995, p. 96).

Como se pode perceber, era um problema complexo. Afetava o novo cliente (estrangeiro), a alta administração da empresa, os funcionários e a comunidade dos locais de produção. Qualquer solução deveria levar em conta os interesses e perspectivas de cada um desses públicos. Como Morita não enxergou a possibilidade de fazer isso de um modo minimamente adequado, preferiu não fechar o contrato. E não se arrependeu: "continuo achando até hoje que foi a melhor decisão que tomei na minha vida" (MORITA, 1995, p. 95).

O CUMPRIMENTO DO PROPÓSITO.

Evidentemente, há *stakeholders* que merecerão mais atenção que outros. Considerando isso, Robert Edward Freeman desenvolveu a noção de saliência para destacar qual deve ser o grau de importância e atenção de cada *stakeholder*. E ele tem razão. A proposta que desenvolvo aqui, entretanto, é um pouco diferente. Trata-se de ter a capacidade de dar a atenção adequada a cada um dos *stakeholders*, independentemente, do seu nível de saliência.

O que enfatizo aqui é que as empresas devem se comportar de modo adequado a cada comportamento de cada *stakeholder* com o qual interage — ser muitas sendo uma — integridade é integração. Isso representa certo grau de organização, para que se mantenham a consistência e a previsibilidade, com a consequente harmonização de expectativas. A consistência afasta as tensões ocultas pela fachada limpa do cotidiano, evitando que a existência da empresa se torne um suplício. Que a ordem valha mais a pena do que a desordem e que o "contrato social" possa ser novamente assinado todos os dias.

O modelo weberiano da burocracia-racional fragilizou-se diante das mudanças profundas vividas pelo mundo. Ele passou a ter que conviver com contextos nos quais as instâncias e os atores competentes, afetados e interessados, precisam entrar em acordo, envolvendo interação, negociação e redes. Em suma: ação interdependente e sistêmica.

Essa reconfiguração das formas de controle precisa ser acompanhada por uma autonomização horizontal das subunidades organizacionais, rumo a uma autocoordenação heterocentrada. A estrutura hierarquizada e verticalizada dos aparatos administrativos permanece, contudo passam a entrelaçar-se com movimentos de desburocratização, tornando-se possível a convivência da concentração de competências decisórias com a descentralização. É preciso que o monumento tenha movimento — o oximoro deve se converter em pleonasmo.

As empresas carregam em sua natureza a dimensão supraindividual. A supraindividualidade é fundamentada nas concepções finais da empresa e coloca, no mesmo momento de sua gênese, a necessidade de um padrão decisório que dê consistência à sua práxis. Tendo em vista essa moldura teleológica, encontram-se as sementes de uma gestão estratégica na progênie da companhia. Aqui a estratégia é entendida como a busca de concatenação entre a ação e a situação, por meio da orientação do agente (subjetiva e pautada por suas circunstâncias iniciais), sua avaliação da causalidade entre fins e meios e sua expectativa de êxito, ancorada em percepções probabilísticas quanto à possibilidade do sucesso. Ou seja, estratégia como instrumento gerador de consistência.

Há de se reconhecer que essa noção de estratégia está mais afeita ao espectro semântico do que ao planejamento em si. Na sua situação típica-ideal, planeja-se e depois se concebe a estrutura capaz de cumprir com o planejado. Permanece o risco de que a estrutura se ossifique. Por outro lado, corretamente aplicada, a gestão estratégica pode propiciar meios para a recaptura dos mecanismos informais que vicejam nas brechas do sistema formal, compensando suas deficiências. A administração confronta-se com a necessidade de alcançar os diversos interesses depositados na empresa, em um mundo de fatos contingentes. O administrador está sujeito às dinâmicas e às manifestações de diversas naturezas (econômica, política, ideológica, antropológica, psicológica, filosófica ou gerencial) e, portanto, deve acatar condições de flexibilidade para seu agir.

A ação do gestor deve ser consistente com o seu propósito. A ação empresarial tem que se comunicar com a sociedade e seus diversos públicos e esta é uma tautologia que precisa ser reafirmada, como princípio fundador da consistência.

O que fazer é uma decisão política. A direção da empresa não pode ser anônima: a ocupação do poder necessita de uma arte chamada política. A política supera a cibernética do aparelho; é o domínio da decisão, da escolha, das estratégias de ação interna e externa. Necessita de reflexão, conselho, debate, consciência e da vontade de indivíduos responsáveis. É uma arte complexa, incerta e decisiva que, nos momentos críticos e "crísicos", engaja a sociedade inteira.

REGRA Nº 11. VIDA REAL

Michael Dell escreveu um livro de memórias que se dedica, em grande parte, a contar a história de como decidiu e implementou o fechamento de capital da Dell Computers. Em determinado momento, Dell entendeu que as propostas de desenvolvimento que tinha para a empresa – seu ritmo, seus impactos e seu foco no retorno de longo prazo – eram incompatíveis com a lógica de privilegiar o ponto de vista dos acionistas (*shareholders*). Em um movimento radical, ele, então, decidiu pelo fechamento do capital. Evidentemente, essa não é uma solução geral. O importante é que as empresas estejam cada vez mais conscientes da necessidade de prestar atenção a um conjunto mais amplo de fatores, ouvindo e dialogando com as demandas das várias partes interessadas (*stakeholders*) e refletindo, inclusive, quanto aos limites biofísicos do planeta (afinal, a Terra é o primeiro e mais importante *stakeholder*).

CAPÍTULO 12

COMPORTE-SE COMO A COSTURA DO TECIDO SOCIAL

ANJOS OU DEMÔNIOS?

> **Henry Ford:** Serão os negócios bons ou maus por decretos do destino? Devemos encarar como inevitáveis as condições do mundo? Não. Nós é que o fazemos ser bom ou mau (FORD, 1954, p. 106).

O que faz uma empresa ser boa ou ruim? Segundo Ford, são as pessoas. Repare que ele não apresenta uma visão neutra em relação à existência das empresas. Assumir as empresas como neutras é afirmar que elas não são nem boas nem más, apenas existem. O mesmo discurso que alguns aplicam às tecnologias, mas nem as tecnologias nem as empresas são neutras.

As tecnologias mudam as coisas sobre as quais pensamos. O ambiente no qual pensamos e as formas com as quais pensamos. Por isso, não são neutras. O mesmo acontece com as empresas. O mundo das empresas é aquele com o paradigma de oferta de bens e serviços, que é um mundo substancialmente diferente do mundo feudal medieval. Graças à existência das empresas, na atualidade, podemos pensar em determinadas situações, impossíveis de serem concebidas no tempo do feudalismo, por exemplo.

No entanto a não neutralidade não representa necessariamente uma postura moral. Esta virá do comportamento da empresa específica. Sim, de como essa ficção legal, na opinião de alguns técnicos economistas, comporta-se. Reconheço a crítica de alguns contra a antropomorfização da empresa, ou seja, atribuindo-lhe características que seriam humanas — só seres humanos se comportariam de forma consequente. Porém o fato é que as pessoas jurídicas, apesar de seu caráter abstrato e institucional, assumem comportamentos concretos, seja a partir do comportamento das pessoas que dentro delas decidem e agem (como parece ser a compreensão de Ford), seja a partir das regras que foram para ela definidas, ou ainda como reação às mudanças e determinações do ambiente.

Ao agirem (se comportarem), as empresas produzem resultados no mundo. As empresas não são ilhas isoladas, voltando a essa analogia. Se esses resultados serão bons ou ruins, é uma avaliação que transcende o âmbito das próprias empresas e se insere no contexto mais amplo da sociedade.

> **Howard Schultz:** Estou convencido, mais do que nunca, de que podemos ser bons e bem-sucedidos (SCHULTZ, 2019, p. 324).

Howard Schultz, que refundou a Starbucks e a levou a ser uma das maiores empresas do mundo, respondeu ainda mais afirmativamente do que Ford à questão: as empresas podem ter sucesso e manterem seus padrões éticos de comportamento.

OLHE PARA AS AÇÕES

> **Bob Iger:** O sucesso de uma empresa depende do estabelecimento de altos padrões para tudo, sejam coisas grandes, sejam pequenas. Em outras palavras: o modo como você faz qualquer coisa é o modo como você faz todo o resto (IGER, 2020, p. 25).

Mesmo os economistas liberais mais inflexíveis não conseguiram escapar às evidências de que a ação empresarial gerava externalidades. As ações das empresas produzem resultados que afetam o mundo como um todo — inclusive pessoas que não tenham qualquer relação com a empresa. Nem sempre esses resultados são positivos.

A poluição é um exemplo ótimo. Gerada pela ação corporativa, mas "compartilhada" pela sociedade como um todo. Milton Friedman foi um dos que reconheceu a existência das externalidades negativas, mas não lhes deu muita importância. No máximo, entendeu que as empresas, quando obrigadas, deviam computar externalidades negativas como um custo e simplesmente se livrarem desse custo, quitando o valor monetário correspondente. E seguiu em frente com seu pensamento, posteriormente, cristalizado na Doutrina Friedman, em que propõe, como já citado, que a empresa deveria única e exclusivamente se preocupar em gerar lucro. Essa era sua única função social.

Para ele, as empresas, como pessoas artificiais, nasciam no vazio, como simples construções legais artificiais. No fim, não existiria moral e imoral para uma empresa, já que esse juízo de valor só seria aplicável a seres humanos. Perceba que essa visão é diferente da visão de Ford. Enquanto este apontava para o comportamento em si e o considerava como o objeto de julgamento, Friedman considerava que empresas não podiam se comportar e, portanto, não haveria nada de objetivo a ser julgado — não haveria o comportamento em si.

Sou economista e compreendo esse tipo de pensamento. Lembro-me de uma piada dos tempos de faculdade: um engenheiro, um arquiteto e um economista estavam diante do problema de levar um elefante em um cais para dentro de um navio. O engenheiro, então, começa a fazer cálculos para projetar um guindaste com capacidade suficiente; o arquiteto desenha uma rampa forte o bastante; já o economista pensa e diz: "suponhamos que o elefante não tenha peso"...

Em termos dos modelos econômicos e suas premissas de base, Friedman pode até ter razão. Se minha intenção é criar um modelo viável, incorporar a irracionalidade ou o comportamento altruísta é sempre uma dificuldade, quase uma impossibilidade diante da quantidade de variáveis que precisam ser acrescentadas. Porém a Doutrina Friedman parece que vai ficando em um passado distante, com a comunidade empresarial e os órgãos reguladores sinalizando para um mundo em que a empresa deve ser responsável, sim, pelas externalidades que produz (tenho uma responsabilidade para com a poluição que gero e devo agir em relação a isso). A noção da responsabilidade social corporativa se fortaleceu, e hoje as empresas buscarem o paradigma ESG (Environmental, Social and Governance) tornou-se um mantra.

> **Jack Welch:** O governo, obviamente, é uma parte vital da sociedade. Em primeiro lugar, ele nos protege das persistentes e insidiosas ameaças à segurança nacional que nos rondam no momento e no futuro próximo. Mas o governo fornece muito mais: um sistema de justiça, educação, proteção policial e contra incêndios, estradas e portos, assistência social e hospitais... a lista é enorme (WELCH, 2020, p. 14).

Jack Welch nos lembra de que também existem externalidades positivas: condições vigentes na sociedade que beneficiam as empresas e pelas quais elas não assumem gastos. Se uma empresa firma um contrato e tem a expectativa de que as cláusulas sejam cumpridas, é porque existe um Poder Judiciário que pode ser eventualmente acionado e que obrigará que as cláusulas sejam cumpridas, ou então arbitrará a compensação necessária ao descumprimento. Se há candidatos escolarizados enviando currículos e buscando serem contratados pela empresa, é porque existe uma rede de instituições de ensino, públicas ou privadas, devidamente regulamentadas pelo governo. Se a empresa pode ter segurança quanto à integridade de seu patrimônio, é porque existe uma força policial atuando ininterruptamente. Volto a insistir, as empresas não são ilhas, estão inseridas em um ambiente que afetam e pelo qual são afetadas.

EMPRESAS COMO PSICOPATAS

Dialogando com o modelo de 'empresa econômica', Robert Hare apontou para as semelhanças entre o comportamento empresarial e o comportamento de um psicopata. A psicopatia, já amplamente estudada pela Psicologia e pela Psiquiatria, tem alguns traços sintomáticos específicos. A incapacidade de empatia, por exemplo. Quando nos colocamos no lugar dos outros, conseguimos imaginar como eles estão se sentindo ou vão se sentir. Conseguimos refletir sobre como nós mesmos sentiríamos se estivéssemos enfrentando a mesma situação. Essa capacidade exerce um forte papel moderador nas relações sociais.

Se tenho empatia, tenho uma dificuldade maior de matar alguém. Pelo simples fato de que vou conseguir me colocar no lugar do outro e imaginar como me sentiria. Assim, Hare aponta que as empresas que seguem a regra estrita de buscar única e exclusivamente o lucro não têm empatia. Psicopatas não sentem culpa. Logo, Hare mostra que as empresas, dada sua configuração de obedecerem às regras e regulamentos, de terem várias instâncias decisórias e de serem compostas de muitas pessoas, também não sentem culpa.

Desse modo, uma derivação dessa ausência é, também, a incapacidade de sentir responsabilidade. Houve um acidente ambiental devastador? A empresa, essa "joia preciosa", não pode ser responsabilizada por isso. Uma divisão do trabalho altamente diferenciada implica uma cumplicidade geral e esta, por sua vez, uma irresponsabilidade generalizada. Essa realidade faz com que o processo de reflexão ética seja corroído por dentro. Ações exclusivamente preocupadas com resultados levam a posições cínicas.

Os psicopatas são superficiais em seus relacionamentos ou apresentam apenas uma imagem superficial de si próprios e, no fim, ninguém chega a conhecê-los realmente. As empresas apresentam uma imagem de fachada, trabalhada pelos profissionais de Relações Públicas, mas não permitem que pessoas externas venham a conhecer a sua verdadeira natureza.

Os psicopatas têm um poderoso senso de *self*, sentem-se o centro do universo. As empresas, por definição, adotam essa postura: "Meus produtos são os melhores, minhas práticas são as melhores, a empresa é o centro do mundo". Psicopatas são grandes manipuladores. As empresas adotam táticas manipuladoras o tempo todo, buscando enganar, ou no mínimo iludir, os concorrentes, a imprensa, a opinião pública, enfim, a sociedade em geral.

Empresas com esse perfil não são "gostáveis". Como uma unidade vivente, uma pessoa artificial, as empresas são extremamente primitivas. Grande parte de seu comportamento é explicado em termos de um ou dois princípios motivadores — sobreviver e crescer. É muito difícil gostar de uma pessoa que mantém relações tão primitivas com o seu ambiente.

Ricardo Semler: Mas empresas são predadoras por definição e procedem de maneira hierárquica, e não democrática (SEMLER, R. *Falta grandeza ao Brasil*, Revista Exame, abril de 2021, p. 20).

Mesmo um empresário visionário como Ricardo Semler, que agiu, enquanto na direção da Semco, da forma mais positiva e em consonância com bons valores, reconhecia, com um tom de frustração, que as empresas são predadoras por definição.

Tal como nós, humanos, as empresas vivem em um mar de tentações. As pressões dos acionistas por resultados financeiros e sua relação com o preço das ações — por aumento das vendas e dos lucros e pela redução constante e implacável das despesas — podem fazer com que as pessoas na empresa, por medo, exorbitem para conseguir alcançar as metas.

Um episódio triste, que também entrou para a história, é o do Ford Pinto. Liderando uma empresa que estava sendo pressionada pela invasão dos carros japoneses, Lee Iacocca definiu um objetivo impossível e o estabeleceu de forma implacável: criar um carro leve e barato. Sem conseguir alcançar os padrões definidos por Iacocca, que não aceitava negociá-los, os engenheiros optaram pela solução mais barata, que acabou resultando em um defeito que deixava o carro com potencial para explodir quando envolvido em alguma colisão. E muitos explodiram.

Pressões de prazo podem fazer com que as pessoas subestimem o tempo que necessitam para concluir um projeto. O foco curto prazista, criado, sobretudo, pela necessidade de produção de relatórios trimestrais para as bolsas de valores, esvazia as preocupações de longo prazo — como a sustentabilidade do negócio, por exemplo.

De uma forma ou de outra, podemos relacionar as diversas tentações listadas nos dois parágrafos anteriores à visão de buscar exclusivamente o lucro — a visão da empresa econômica. Só a sociedade organizada e vigilante pode garantir que as empresas não caiam em tentação e livrar a todos do mal que elas possam fazer.

Quando o regime nazista subiu ao poder na Alemanha, grandes corporações daquele país abriram fábricas perto dos campos de extermínio de Auschwitz e Lublin. A cooperação entre os oficiais nazistas e os empresários era excelente — as empresas conseguiam acesso à mão de obra grátis. A filósofa Hannah Arendt registrou o fato com amargura: "a fábrica da Krupp recém-construída perto de Breslávia, na Alemanha, a Berthawerk, arrebanhava trabalhadores judeus onde os pudesse encontrar e mantinha esses homens em condições que não eram superadas nem pelos grupos de trabalhos dos campos de extermínio"(ARENDT, 1999, p. 221).

Empresas que confrontassem o regime nazista, um regime totalitário, corriam o risco de serem fechadas ou expropriadas. Mas a pergunta é: valia a pena seguir existindo naquelas condições? Quando falamos que a empresa deve existir para atender a uma necessidade social, devemos lembrar que uma empresa não deveria contribuir para atender a inimigos da sociedade (o Estado totalitário, por definição, acaba com a sociedade civil).

De fato, é fácil falar de fora da situação específica que aqueles empresários experimentaram. Contudo é importante lembrar que "todo ideal é um juiz que nos condena", nas palavras de Jordan Peterson. Evidentemente, a empresa pode abrir mão de ter um ideal, mas terá como preço a falta de propósito e suas consequências desmotivadoras e desorientadoras (ver Regra nº 2 – *Seja um missionário, mas deixe a mente aberta*). Não ter um propósito, ainda segundo Jordan Peterson, é um preço alto, pois é o propósito que mobiliza as emoções positivas nas pessoas, impulsionando-as a seguir em frente com esperança renovada. Empresas que não têm clareza de propósito, atraem formigas como trabalhadores (ver Regra nº 10 – *Não crie formigueiros*).

Para falarmos de uma questão contemporânea: o planejamento fiscal. O termo em si, é um eufemismo para várias práticas de elisão fiscal adotadas, em nível internacional. Práticas que não são ilegais, mas que geram uma situação profundamente imoral: com empresas gigantes pagando taxas minúsculas. Segundo estimativas da organização Tax Justice Network, o montante perdido por governos locais para o exterior, por conta de práticas de evasão fiscal e abuso de regras de tributação internacionais, é de 427 bilhões de dólares por ano. Ainda segundo essa organização, a proporção de lucros que as empresas norte-americanas transferem para paraísos fiscais saltou de 5% a 10%, nos anos 1990, para 30%, na atualidade.[7]

Quase meio trilhão de dólares (!), subtraídos às diversas políticas públicas, como educação, saúde e segurança. Insista-se: estamos falando de práticas de evasão fiscal que não são violações legais. Contudo despertam o furor da população, porque são imorais. Quando as empresas se valem de lacunas legais e tecnicidades para evitar pagar o nível adequado de impostos, para as pessoas isso soa como uma traição à confiança que depositaram nelas.

7. Os dados referentes a Tax Justice Network foram retirados do artigo de Carolina Riveira: *O fim dos paraísos fiscais?* Revista Exame, maio de 2021, p. 12.

EMPRESAS COMO SUPERPOTÊNCIAS

Todas essas preocupações com relação ao comportamento empresarial se tornam ainda mais relevantes quando se observa que muitas delas estão se tornando grandes potências, com capacidade de influenciar a realidade global. Os jornais gostam, às vezes, de publicar uma lista que junta em uma só relação, os valores dos PIBs de países e o do faturamento das empresas. Entre os cem primeiros relacionados, há mais empresas do que países! O fato de se tornarem tão grandes e tão onipresentes, no cenário da globalização, faz com que a dimensão do comportamento das empresas assuma uma dimensão ainda mais relevante.

Empresas multinacionais superpoderosas conseguem provocar mudanças na legislação e nos sistemas políticos dos países nos quais estão instaladas ou pretendem se instalar, tornando estes anfitriões em ambientes mais hospitaleiros. A conexão entre a AT&T e o golpe de Estado que houve no Chile entrou para os livros de história como um exemplo drástico dessa situação. Quando, baseadas nesse poder, as empresas buscam operar com baixa transparência, subtraindo-se aos vigilantes olhos do público e das agências reguladoras, os resultados são potencialmente catastróficos.

Por isso, é importante que as empresas aceitem conviver com a imprensa livre e com o controle dos órgãos governamentais, capazes de darem conta de mostrar quais são as externalidades impostas ao público e como elas estão sendo tratadas. Em outras palavras, inserem-se plenamente nos sistemas democráticos modernos.

As empresas precisam estar atentas ao seu comportamento, também por conta das reações das pessoas a elas. A Skopos demonstrou que, diante de notícias de mau comportamento por parte de empresas, são acionadas as mesmas áreas cerebrais que se acionam quando há notícias de mau comportamento por pessoas. Isso demonstra que o efeito antropomorfização é grande (compreender as pessoas jurídicas como pessoas de fato). E a extensão na qual as pessoas desejam ver uma empresa punida por seu comportamento é quase que, inteiramente, uma função dessa extensão, já que elas estão emocionalmente ultrajadas pelo comportamento da empresa.

Nas últimas décadas, também houve um sensível aumento do ativismo, em todos os níveis, inclusive, aquele que aponta as mazelas dos grandes conglomerados empresariais. Nos anos 1980, ocorreu, pela primeira vez, um movimento mundial de consumidores pelo boicote a uma marca importante, por conta de um comportamento antiético. O alvo era a Nike, empresa norte-americana de roupas e equipamentos esportivos, acusada de utilizar mão de obra infantil em suas fábricas na Ásia e na América Latina. Qual a melhor forma de lidar com esse ativismo? A resposta é complexa e o próprio caso da Nike revela isso. Seu fundador, Phil Knight, em suas memórias, registra isso:

> Nos dez anos seguintes àquelas manchetes ruins e àquela exposição escabrosa, usamos a crise para reinventar toda a empresa. Por exemplo, uma das piores coisas em uma fábrica de calçados costumava ser a sala da borracha, onde a parte superior e as solas são ligadas. A fumaça é asfixiante, tóxica e cancerígena. Então criamos um agente de ligação à base de água que não gera fumaça, eliminando assim 97% das substâncias cancerígenas no ar. Em seguida, cedemos essa invenção aos nossos concorrentes e a qualquer um que a quisesse (KNIGHT, 2016, p. 370).

Knight era inconformado com o jeito como a Nike foi tratada pela mídia, após o episódio. Podia ter um pouco de razão. Se a sociedade pesar demais a mão sobre as empresas, pode acabar desestimulando o espírito empreendedor, o que inevitavelmente irá implicar em menor geração de bens e serviços e, em contrapartida, na sua renda. De um modo geral, as pessoas estarão em situações piores. Por outro lado, levar esse argumento ao seu limite também parece ser contraproducente. Parece que a resposta estará em um corredor estreito de equilíbrio entre atender aos interesses e necessidades da empresa, para sua sobrevivência saudável, e atender aos interesses e necessidades sociais.

> **Alfred Sloan:** A medida do valor de uma empresa como negócio, entretanto, não é apenas o crescimento em vendas ou ativos, mas o retorno sobre o investimento dos acionistas, uma vez que é o capital deles que está sendo arriscado e é pelos seus interesses acima de tudo que a corporação deve ser dirigida como uma empresa privada. O histórico mostra, creio, que fizemos um trabalho respeitável para os acionistas, sem negligenciar nossas responsabilidades para com nossos funcionários, clientes, revendedores, fornecedores e a comunidade (SLOAN, 2001, p. 181).

Alfred Sloan foi "acusado" por Peter Drucker de ser insensível (na verdade, de ter escrito talvez o livro de memórias mais insípido de todos os tempos). De fato, Sloan foi um apóstolo de estruturas organizacionais e da necessidade de priorizar o retorno sobre o investimento (os acionistas). Sempre deixou claro como considerava a geração de lucro fundamental e que colocava os acionistas em primeiro lugar, uma vez que é o capital deles que está sendo arriscado, então deve ser pelos seus interesses acima de tudo que a corporação deve ser dirigida. Porém até Sloan, com seu radicalismo, abre uma brecha para registrar que, mesmo tendo priorizado os acionistas, conseguiu fazer isso sem negligenciar as responsabilidades da empresa para com seus funcionários, clientes, revendedores, fornecedores e a comunidade. No lugar mais inesperado, encontramos uma semente da filosofia dos *stakeholders* (ver Regra nº 11 – *Seja múltiplo e com integridade*) e a noção de um compromisso ampliado da empresa para com a sociedade.

> **Bob Iger**: Não pretendo parecer moralista, mas como empresa, sempre tentamos fazer o que achamos ser o certo, independentemente da política ou do mercado. Em outras palavras, exigir qualidade e integridade de todos os nossos funcionários e de todos os nossos produtos é fundamental, e não há espaço para segundas chances ou tolerância quando se trata de uma transgressão aberta que desonra a empresa de algum modo (IGER, 2020, p. 267).

Bob Iger enfrentou algumas situações difíceis, tentando buscar o que era moralmente certo. Mas o que é esse moralmente certo? É quando os princípios (os motivos pelos quais se toma a ação) e as finalidades estão corretos. Segundo ele, quando tinha em mente essa dimensão, a decisão era fácil. Em um caso específico, que envolveu o cancelamento do show de uma estrela famosa, ele afirmou:

> Eu não me perguntei qual seria a repercussão financeira daquilo nem me importei. Em momentos assim, é preciso olhar além das perdas comerciais e ser guiado, mais uma vez, pela simples regra de que não há nada mais importante do que a qualidade e a integridade de seu pessoal e de seu produto. Tudo depende de que esse princípio seja mantido (IGER, 2020, p. 267).

Ter um presidente como Bob Iger, comprometido com uma ação ética e íntegra, faz diferença. Manter um diálogo significativo com a sociedade é se assumir como parte importante do tecido social, a sua costura, aquilo que o ajuda a permanecer unido. Significa ser autêntico. Práticas como *greenwashing* ou *pinkwashing* e outras do gênero já não enganam mais ninguém. Como Jack Welch disse (e alguns outros mais antigos do que ele), nada do que está oculto não será descoberto — não existem segredos quando há muitas pessoas envolvidas. Mudança climática? As empresas têm uma responsabilidade e devem colaborar com a sociedade. Excesso de poluição? Onde estão as empresas? Falta de alternativas de geração de renda e desemprego estrutural? Reafirmo, as empresas não são ilhas.

FREIOS E CONTRAPESOS

Friedrich Nietzsche: Essa organização era firme o bastante para suportar maus césares: o acaso das pessoas não pode fazer nada em tais coisas – , primeiro princípio de toda grande arquitetura (NIETZSCHE, F. *O Anticristo*, 2005, p. 406).

Friedrich Nietzsche nos dá uma excelente pista de como proceder para evitar problemas nas empresas: uma arquitetura organizacional (que passa pela estrutura, ver Regra nº 4 – *A estrutura é para voar*) que evite "o acaso das pessoas". Ou que torne a empresa firme o suficiente para não sucumbir a um mau gestor ("firme o bastante para suportar maus césares").

O peso dos líderes nos resultados de uma empresa pode ser pequeno. Pesquisadoras da Universidade de Chicago e do MIT (Massachusetts Institute of Technology) — Marianne Bertrand e Antoinette Schoar, respectivamente — chegaram à conclusão de que os estilos e preferências dos gestores explicavam cerca de 4% da variação no desempenho corporativo (cf. ROSENZWEIG, 2007, p. 133). Contudo um mau líder pode levar a empresa ao colapso. Este parece ter sido o caso, por exemplo, na Enron, cujo presidente, Jeffrey Skilling, acabou na prisão.

Mesmo Thomas Hobbes, o teórico que pavimentou o caminho para a noção de soberania absoluta (ou seja, a transferência completa do poder de decisão para uma entidade, o Estado), preocupou-se, ao refletir sobre processo decisório, com a qualidade das decisões e a necessidade de se ter bons decisores. Ele registrou: "como, na deliberação, os apetites e as aversões surgem da previsão das consequências boas e más, e das sequelas da ação sobre a qual deliberamos, o efeito bom ou mau depende da previsão de uma larga série de consequências, que raramente é feita pelo homem até o fim" (HOBBES, 1651/2012, p. 57). Além de ser capaz de estender o processo deliberativo pelo tempo necessário, para a máxima avaliação possível de custos e benefícios, o decisor deveria ter uma competência distintiva para tomar as decisões: "quem, por experiência ou razão, tem uma perspectiva maior e mais segura das consequências, delibera melhor e é capaz, quando quiser, de melhor aconselhar aos demais" (HOBBES, 1651/2012, p. 57). Experiência é conhecimento condensado e incorporado.

> **Joseph Schumpeter:** Uma das mais importantes dificuldades de se administrar um negócio – a dificuldade que absorve a maior parte das energias de um líder empresarial de sucesso – consiste nas incertezas presentes em cada decisão (SCHUMPETER, 2008, p. 186).

Cada decisão traz uma responsabilidade e cada ação terá consequências — boas ou más, como lembrou Hobbes. A competência para tomar uma decisão implica a responsabilidade que emana dessa capacidade. Em uma empresa, a pessoa responsável pela tomada de decisão deve respeitar exigências deontológicas, ou seja, atender a critérios e parâmetros éticos situacionais e específicos do tipo de ação empresarial.

> **Antônio Ermírio de Moraes:** – Doutor Antônio, o que faz uma empresa familiar sobreviver? – Moral. – Como assim? – É não passar a perna em ninguém (PASTORE, 2013, p. 148).

O papel do líder é muito reforçado pela dimensão em que a cultura e o aculturamento passam pelo exemplo. As pessoas observam aquilo que os líderes prestam atenção, aquilo que medem e buscam controlar. Também ficam atentas a como os líderes reagem a incidentes críticos e como se comportam diante de crises organizacionais. A biografia de Antônio Ermírio de Moraes, citada anteriormente, traz uma série de depoimentos de como as pessoas compreendiam o exemplo dado pelo empresário e buscavam refleti-lo em sua própria ação no cotidiano.

O Google é outro exemplo de empresa que buscou colocar no pódio de seus valores corporativos uma admoestação ética: *don't be evil*! (não seja mau!). Os googlers levavam muito a sério esse princípio, o que acabou resultando em alguns protestos com relação à postura que a empresa adotou com relação à sua entrada na China, por exemplo. Apesar de se tratar de uma decisão estratégica com relação a um dos maiores mercados do mundo (pelo menos em termos de população), envolvendo uma série de fatores políticos e financeiros, o que acabou gerando mais discussão foi a flagrante incompatibilidade entre "não seja mau" e a perspectiva de aceitar algum nível de censura, por exemplo.

De todo o modo, o Google segue sendo uma referência em termos de posicionamento ético. Durante muito tempo, seus fundadores hesitaram em abrir o capital. Quando decidiram fazê-lo, adotaram posturas bizarras, ao menos sob o ponto de vista dos financistas de Wall Street. Como registrar na carta aos possíveis interessados que "em alguns momentos [a empresa] realizaria práticas de negócios voltadas para a humanidade, mesmo que para isso fosse necessário diminuir temporariamente os lucros" (LEVY, 2012, p. 19). Anátema!

O que fazer quando algo dá errado? Um caso que já se tornou clássico foi o da Johnson & Johnson. Quando sete pessoas morreram após ingerirem cápsulas de Tylenol com cianeto, a empresa removeu todo o produto de todas as prateleiras nos Estados Unidos (as sete mortes tinham acontecido em Chicago). O custo do *recall* foi estimado em cem milhões de dólares. O benefício em termos de reputação, contudo é muito difícil de ser estimado em termos monetários. Bem como o custo do eventual dano à imagem caso a empresa tivesse tentado outra forma de resolver a questão, com menos transparência.

Ralph Larsen, presidente da Johnson & Johnson: Os valores fundamentais incorporados em nosso Credo são uma vantagem competitiva, mas não é por isso que os adotamos. Os adotamos por definirem para nós o que defendemos, e os manteríamos ainda que se tornassem uma desvantagem competitiva em certas situações (COLLINS, 2020, p. 224).

Olhando para a declaração de Ralph Larsen, presidente da Johnson & Johnson, salta aos olhos imediatamente o que procurei apresentar nesta regra. Agir com integridade (harmonia entre o que se prega e o que se faz, entre o valor como princípio e o valor como prática) significa agir independentemente de se pensar nas consequências financeiras ou competitivas. Assumir um *recall* de cem milhões de dólares, além da necessidade de reposição de todos aqueles produtos no mercado norte-americano pode ter deixado a Johnson & Johnson com uma dificuldade momentânea de fluxo de caixa. E, portanto, mais vulnerável em termos competitivos. No entanto, certamente, manteve sua reputação de confiabilidade e preocupação com a comunidade. Uma desconfiança com relação à segurança de medicamentos é sempre uma ruptura séria no tecido social.

O QUE FAZER DIANTE DE UMA CRISE?

> **Jack Welch:** 1. Presuma que o problema é pior do que parece. 2. Presuma que não existem segredos no mundo e que todos vão acabar descobrindo tudo. 3. Presuma que você e seu gabinete de crise serão retratados da pior forma possível. 4. Presuma que haverá mudanças nos processos e nas pessoas. Quase nenhuma crise termina sem sacrifícios. 5. Presuma que sua empresa irá sobreviver, fortalecida pelo que aconteceu (WELCH, 2020, p. 153).

Jack Welch tinha uma personalidade dinâmica e extrovertida. Influenciou milhares de pessoas ao redor do mundo com seu exemplo e com seus livros. Lidou com diversas crises. Entre outras coisas, alertava: as crises sempre vão acontecer, porque onde houver seres humanos, comportando-se como seres humanos e não como formigas, haverá crises. Então Welch sugere um roteiro simples para lidar com situações críticas. Apostar no pior, o primeiro passo sugerido, tem a ver com a noção de que preparar-se para resolver o pior possível é a melhor estratégia. Quem pode o mais pode o menos, diz o ditado, quem é capaz de resolver o pior, consegue lidar com o menos pior.

O segundo passo tem a ver com transparência. É quase instintivo que se tente esconder os resultados quando algo dá errado. Pode até dar certo, para uma criança de quatro anos tentando esconder dos pais que quebrou aquele enfeite precioso na sala de estar. Nunca dará certo para uma empresa. Como Welch bem coloca, não existem segredos no mundo. Quanto mais em uma grande empresa, com milhares de funcionários. A melhor abordagem, portanto, é partir para a transparência — compartilhar tudo o que se sabe sobre o acontecido e sobre como a empresa está reagindo.

No século XXI, comportamento ético tem que ser viralizado. Quando a ética for infecciosa, as empresas serão transparentes. E a transparência é uma virtude revolucionária. Revolucionária porque contraria a tendência tradicional do poder — qualquer forma de poder — de se ocultar, seja evitando declarar publicamente suas intenções, ou declarando-as falsamente, seja escapulindo do olhar indiscreto das pessoas ou se mascarando (mimetizando-se). A justificação ética do caráter público do comportamento da empresa é outro fator já consolidado. O poder ofusca, o serviço ilumina. Não é à toa que a imagem do Messias lavando os pés dos discípulos imortalizou-se no imaginário da cristandade. Do despojamento brota a transparência.

Welch alerta que você será visto como um vilão e já falamos aqui da responsabilidade. Responsabilidade é algo que vem junto com o cargo. Não dá para fugir. Uma criança foi atacada por um jacaré em um dos parques da Disney. Pode-se perguntar: qual a responsabilidade do presidente da Disney? Total. Foi assim que Bob Iger entendeu a situação e a partir disso lidou com a questão. Para a imprensa, para os familiares da criança, para a sociedade, é a Disney que vai aparecer como relapsa, negligente. E a face pública da Disney é o seu maior executivo.

O melhor é assumir a responsabilidade e aceitar que você será retratado como um vilão. Mesmo agindo da melhor forma possível, em um mundo de milhares de clientes e bilhões de *stakeholders*, sempre haverá aqueles que vão seguir lhe tacando pedras. Muitos fazem isso mesmo quando a empresa não faz nada de errado, pelo simples fato de considerarem que a empresa faz parte do perverso capitalismo global. Quanto mais diante de um problema concreto.

Após a crise, é importante verificar tudo o que aconteceu e se programar para evitar que aconteça novamente. Ou ainda, para aperfeiçoar a reação da empresa quando acontecer novamente. O importante é que a crise precisa gerar aprendizado. Deve haver mudança. Como dizia o escritor irlandês Samuel Beckett, "tente de novo, fracasse de novo, fracasse melhor". Aprender com os erros implica evitar que os mesmos erros aconteçam novamente. Como Phil Knight registrou, após a crise do trabalho escravo nas fábricas asiáticas da Nike: "usamos a crise para reinventar toda a empresa".

Acima de tudo, como Jack Welch colocou, seja resiliente: confie na capacidade de sua empresa de superar a crise. O medo pode ser paralisante, bem como pode funcionar como um incentivo perverso a não fazer a coisa certa: como tentar esconder o que aconteceu. A coragem traz a segurança para atravessar o período turbulento e saber que chegará o momento da aterrissagem segura.

> **Henry Ford:** Há algo de sagrado num grande negócio que provê o bem-estar de milhares de famílias (...) ao contemplar esta organização produtiva, capaz de tudo realizar, sente-se que a continuação de um tal negócio é um dever sagrado. A empresa supera o indivíduo (FORD, 1954, p. 198).

Já comentamos como Ford adotava o conceito dos negócios como uma instituição voltada para o melhor provimento das necessidades da sociedade. As empresas, para Ford, eram uma instituição — uma solução perene encontrada pela sociedade para um problema importante. No caso, a provisão de bens e serviços necessários. Ao falar sobre sua grande contribuição, o aperfeiçoamento da linha de montagem, ele disse:

> (...) a estandardização, como a entendo, não é escolher o produto mais vendável e se limitar à sua única produção. É dedicar dias e noites, às vezes anos, primeiro ao estudo de um artigo que corresponda do modo mais perfeito aos desejos e necessidades do público, e depois à melhor maneira de fabricá-lo. Deste modo, quando a base da produção se muda do fito de lucro para o de 'serviço', o negócio estará consagrado e o lucro será imenso. Isto é evidente (FORD, 1954, p. 48).

Bom, ao menos para Ford, era evidente. Ele entendia que a empresa era o meio da coletividade prover as suas necessidades. Para ele, todos os negócios deveriam ser fundados nessas bases. Os negócios não eram ilhas, mas sim costuras do tecido social, contribuindo para mantê-lo unido e bem-arrumado. Sem essas costuras, o tecido social se romperia. Por isso, com um leve tom de exagero, Ford disse que há algo de sagrado num grande negócio que provê o bem-estar de milhares de famílias.

Howard Schultz: Estávamos preenchendo um vazio na vida das pessoas (SCHULTZ, 2019, p. 93).

O pensamento de Ford foi e é compartilhado por milhões de empresários ao redor do mundo. Schultz pensava o tempo todo em café, assim como Ford pensava o tempo todo em carros. Porém, ao pensar sobre a empresa, via-a como atendendo uma necessidade social, preenchendo um vazio na vida das pessoas. A Starbucks virou um fenômeno social, acabou se tornando um elemento da cultura norte-americana, ou seja, como o próprio Schultz reconheceu, "foi muito além de apenas uma ideia oportuna de um empresário isoladamente ou de uma pequena equipe" (SCHULTZ, 2019, p. 123). A regra é comportar-se como parte importante do tecido social.

REGRA Nº 12. VIDA REAL

Walt Disney não parou para pensar como seria a empresa que estava criando. Como muitos outros empreendedores originais, a empresa foi "acontecendo". Porém imaginava que seria uma grande família, na qual todos se divertiriam e se sentiriam gratificados enquanto trabalhassem, nos seus dizeres, uma confraria. Não foi por menos que Disney teve uma grande frustração quando houve a primeira greve na empresa – sentiu-se traído. A experiência foi importante para a Disney perceber que não bastava a empresa estar bem, era preciso que todos estivessem bem, a começar por seus funcionários. Bob Iger, presidente que acaba de retornar para a Disney, destacou como entendia que a empresa deveria manter padrões elevados em tudo o que fizesse. E também enfatizava que ela deveria tentar fazer o certo, diante de todas as circunstâncias. São falas muito genéricas e abstratas, porém que ganham concretude e se tornam visíveis no cotidiano da empresa – como, por exemplo, na forma como a Disney tem se posicionado em defesa dos Direitos Humanos, mais amplamente, ou no modo como a empresa reage a eventos adversos, como quando uma criança foi atacada por um jacaré em um de seus parques. As empresas estão no mundo, fazem parte do tecido social, são uma solução encontrada pela humanidade para parte de suas necessidades. Portanto, devem estar à altura desse desafio.

PONDERAÇÕES FINAIS

As revoluções políticas e econômicas do século XVIII promoveram uma transformação radical na humanidade. A forma como produzimos e distribuímos os bens e serviços dos quais necessitamos foi profundamente alterada, bem como os próprios produtos e serviços, qualitativamente e quantitativamente. Como já concluímos, o mundo atual é bem diferente do mundo feudal.

A concentração da oferta de bens e serviços em empresas privadas, com as pessoas reunidas em um mesmo local e durante o mesmo horário, é uma das características dessa mudança. Com isso, a quase totalidade da humanidade passa a maior parte de sua vida nos ambientes empresariais ou organizacionais, que são regidos por uma complexa teia de princípios, valores, regras formais e informais cuja síntese pode se chamar gestão. Em outras palavras, passamos a maior parte de nossas vidas "sob gestão".

Em se tratando de algo tão importante e de tão grande impacto sobre nós, é fundamental que exerçamos uma reflexão crítica permanente sobre o fenômeno, com ênfase na busca de aperfeiçoamentos constantes dessa complexa teia. Afinal, somos nós que estaremos enredados nela e esperamos que não estejamos, na verdade, presos, com uma aranha gigante esperando para vir nos devorar.

Perdão pela metáfora, mas os números impressionantes de doenças ocupacionais, e os relatos mais assustadores ainda sobre a quantidade de pessoas que se sentem desmotivadas em seus contextos de trabalho, entre outros indicadores da falência de sentido da vida dentro das empresas e organizações, deveriam nos assustar mais do que qualquer aracnídeo. Por isso, considero a reflexão sobre a vida 'sob gestão' tão importante quanto às reflexões sobre a vida em geral, como as feitas por Jordan Peterson, na obra que me inspirou.

A empresa ocupa um lugar central na atualidade. Logo, defendo que as empresas são uma 'instituição' uma solução permanente para um determinado problema social. Já vi acadêmicos defendendo que as empresas são meras organizações, não merecendo estar no mesmo status de uma instituição, como as instituições governamentais, por exemplo. Sigo discordando, apesar de aqui não ser o lugar ideal para aprofundar esse ponto. O importante é ressaltar que compreender as empresas como instituições sociais contribui para uma adequada avaliação de seu papel e seu peso na sociedade moderna.

Uma pesquisa recente[8] mostrou que as empresas merecem mais confiança das pessoas do que o governo (nota média 61, em relação à nota média de 52 para os governos, em uma escala que vai até 100)! Essa pesquisa também demonstrou que as pessoas querem que as empresas se envolvam mais, e não menos, com as questões sociais. Considerando os temas seguintes, o valor entre parênteses é a percentagem de pessoas que responderam que as empresas não estavam fazendo o suficiente: mudança climática (43%); desigualdade econômica (40%); reespecialização da força de trabalho (37%); acesso à saúde (34%); informação confiável (32%).

Todos esses são temas bastante amplos e que vão à direção completamente contrária do pensamento de que as empresas existem exclusivamente para alcançarem lucro (Como a Doutrina Friedman — ver Regra nº 1 – *Ganhe dinheiro para viver. Não viva para ganhar dinheiro*). São temas que inserem as empresas no mundo de fato, devendo assumir protagonismo mesmo diante de desafios que originalmente não seriam delas, no contexto do que vem sendo chamado de capitalismo de *stakeholders* (ver Regra nº 11 – *Seja múltiplo e com integridade*).

A complexidade desses novos desafios e a velocidade com que as mudanças acontecem fazem com que as empresas precisem buscar agilidade e flexibilidade (ver Regras nº 4 – *A estrutura é para voar* e nº 5 – *Mantenha a alma de quando começou*). Devem estar continuamente em busca da inovação, inclusive, quanto à forma como se organizam e operam (veja Regra nº 6 – *Seja um soldado do processo sem ficar soldado ao processo*). Precisam tomar decisões rápidas e participativas, de modo a produzir o engajamento necessário de seus colaboradores (ver Regra nº8 – *Decida o mais rapidamente possível e com a maior participação*).

Aliás, esses colaboradores, as pessoas dentro das organizações, devem estar cada vez mais em evidência, como aquilo que é mais importante para eles. O elemento

---

8. O Edelman Trust Barometer 2022 foi realizado em vinte e oito países, com mais de trinta e seis mil respondentes e no mínimo mais de mil respondentes por país.

humano deve preponderar. Burocracias foram imaginadas para serem simulacros de máquinas, afastando as idiossincrasias e as subjetividades. Porém, no século XXI, já existe um consenso de que as burocracias, deixadas por elas mesmas, tornam-se tão insípidas quanto àquelas que as inspiraram: as máquinas.

Valorizar as pessoas é entender que elas podem ter autonomia e agir de acordo (ver Regra nº 10 – *Não crie formigueiros*). E manter as pessoas informadas sobre tudo o que acontece, em tempo real, de modo que elas possam agir e reagir de acordo com as infindáveis contingências do cotidiano (ver Regra nº 9 – *Comunique-se!*). E valorizando as pessoas, as empresas cultivam culturas positivas, que propiciam uma vivência coletiva mais saudável e potencializam os resultados (ver Regra nº 3 – *Cultive o seu jardim*).

Para ter clareza quanto a esses resultados e o que significam, é importante que as empresas prestem atenção ao processo de avaliação organizacional, com suas medidas, identificando o que é relevante e necessário ser acompanhado, bem como conjugando o cuidado de que a medida não se torne um fim em si mesma (ver Regra nº 7 – *Meça tudo o que importa. E depois meça as suas medidas*).

Compreendendo esses pontos, as empresas vão ter clareza de sua função social, que vai muito além da dimensão do lucro. Aliás, olhando para o panorama que acabo de apresentar, a dimensão da lucratividade fica tão pequena, não? E como muitos empreendedores de visão e bem-sucedidos asseveraram ao longo de suas vidas, cumpra com sua função social e você nunca terá que se preocupar com os lucros. Eles virão e serão consistentes (ver Regra nº 2 – *Seja um missionário, mas deixe a mente aberta*).

Em síntese, as empresas cada vez mais aparecerão sob o manto de seu papel institucional — solução para a provisão em massa de bens e serviços. E elas ajudarão a compor o tecido social como parte de sua estruturação mais fundamental — serão a sua costura (ver Regra nº 12 – *Comporte-se como a costura do tecido social*)!

Como anunciado, o texto tem um eixo distópico. Entretanto, como qualquer contraponto, cumpre o papel de acenar para o seu contrário, o utópico. O não lugar acaba funcionando como um atrator radical e, como tal, o fato de ser irrealizável no mundo não impede que seja dinamizador do cotidiano e direcionador da esperança. Esse é o sentido forte do termo utopia, o horizonte além.

As doze regras têm o papel de funcionar como sementes, que possam encontrar microambientes nos quais tenham a nutrição adequada para se desenvolverem. A história é marcada por grandes processos que nasceram de pequenas comunidades epistemológicas e ajuntamentos de sementes dessa natureza, que em algum momento encontraram espaço para florescerem juntas.

Em si, as doze regras trazem a dimensão do um rompimento do gradualismo que se aquieta no que é possível. É preciso colonizar o futuro. Assim, afasta-se do denuncismo radical — este tipo de denuncismo é incapaz de oferecer propostas alternativas e, na prática, é um pseudoprofetismo com exigências éticas ilimitadas, de cunho gnóstico e neoplatônico. Também não era meu objetivo contrapor um racionalismo reacionário a um emocionalismo bem-intencionado.

"Se te apontam um cemitério, mostre uma criança" — uma bela imagem, pois traz tanto a dimensão da esperança quanto do aprendizado. Ninguém sai andando do ventre materno, cai-se muito até se aprender a andar. Que a potência avassaladora do existente não nos condene à impotência, e que as empresas do futuro não sejam nossa herança, e sim nossa criação.

QUADRO SINÓPTICO

REGRA Nº 1 –
GANHAR DINHEIRO PARA VIVER, E NÃO VIVER PARA GANHAR DINHEIRO

O fluxo de caixa é uma variável importantíssima para a sobrevivência da empresa. O dinheiro é necessário para que ela mantenha suas atividades e busque sua expansão. No entanto o lucro não deve ser buscado como objetivo final e exclusivo, mas sim como um resultado. A empresa é muito mais do que uma fábrica de lucros.

REGRA Nº 2 –
SEJA UM MISSIONÁRIO, MAS DEIXE A MENTE ABERTA

Saber para onde se quer ir e como é fundamental. O senso de propósito, permeado pela missão e pela visão, deve ser vivenciado na prática cotidiana. É importante, contudo, que o propósito não vire um dogma e acabe por impedir que a empresa avance para novas oportunidades e desenvolvimentos.

REGRA Nº 3 –
CULTIVE O SEU JARDIM

A cultura organizacional é um elemento essencial e, como se diz, “devora a estratégia no café da manhã”. É impossível que as pessoas fiquem saudáveis e alcancem altos níveis de desempenho se a cultura é doente. Culturas podem ser mudadas e devem ser continuamente regadas e tratadas para produzirem ambientes saudáveis.

REGRA Nº 4 - *A ESTRUTURA É PARA VOAR*

O modo burocrático de organização, abrangendo a delineação de estruturas e o desenho dos organogramas, é altamente eficiente e produtivo. Sua implementação foi uma revolução no modo como a humanidade atende às suas necessidades em grande escala. É muito importante que a estrutura se mantenha flexível e ágil, contribuindo para o avanço da empresa — ao contrário de agregar pesos mortos.

REGRA Nº 5 - *MANTENHA A ALMA DE QUANDO COMEÇOU*

O espírito do empreendedor é forte e poderoso. Tem um instinto animal (*animal spirit*), nos dizeres do economista John Maynard Keynes. Dele deriva o impulso inicial e sua marca fica impressa no DNA da empresa. A conservação dessa vitalidade é importante para que a empresa se mantenha em desenvolvimento constante.

REGRA Nº 6 - *SEJA UM SOLDADO DO PROCESSO SEM FICAR SOLDADO AO PROCESSO*

Formalizações de rotinas e procedimentos são importantes para conduzir a operação da empresa a altos níveis de eficiência — fazer mais com menos. Processos consolidam a operação cotidiana e permitem a estabilidade da eficiência — que a cada dia se renove a mágica da operação. Porém processos também podem ficar desatualizados e enrijecidos, quando passam a produzir o efeito contrário: criarem ineficiências.

REGRA Nº 7 - *MEÇA TUDO O QUE IMPORTA. E DEPOIS MEÇA AS SUAS MEDIDAS*

Ter uma noção clara de como se está indo faz parte de qualquer atividade empresarial. Deixar de acompanhar o que importa pode significar o fracasso para qualquer empresa, não importa o tamanho. A obsessão com a medida, entretanto, pode conduzir a uma disfuncionalidade perigosa.

REGRA Nº 8 - *DECIDA RÁPIDO E COM O MÁXIMO DE PARTICIPAÇÃO*

A velocidade das mudanças e a complexidade crescente dos assuntos fazem com que as empresas tenham que tomar muitas decisões a cada dia. O processo decisório precisa ser higiênico — racional, preciso, rápido e participativo — para que gere os resultados desejados.

REGRA Nº 9 - COMUNIQUE-SE!

As habilidades superiores de comunicação são uma característica distintiva da espécie humana. Não é surpresa, portanto, que uma comunicação adequada seja um elemento fundamental no ambiente corporativo. É a comunicação que produz a comunidade e é a comunidade que faz as coisas acontecerem.

REGRA Nº 10 - *NÃO CRIE FORMIGUEIROS*

Seres humanos são criaturas distintas e únicas. São capazes de deixar assinaturas marcantes no mundo e na história. Têm uma dignidade intrínseca, que deve ser preservada. No mundo do trabalho, em alguns momentos e em algumas circunstâncias, essa dimensão ficou esquecida, sempre em prejuízo das pessoas afetadas, mas também das empresas. Afinal, pessoas não são formigas.

REGRA Nº 11 - *SEJA MÚLTIPLO E COM INTEGRIDADE*

O acionista (*shareholder*) é apenas uma das partes interessadas (*stakeholders*). O foco exclusivo no acionista é uma mentalidade ultrapassada, fruto de uma leitura errada dos modelos econômicos. As empresas fazem parte do mundo e devem pensar sobre si mesmas desta forma: qual o meu impacto? E responder às diversas partes interessadas com autenticidade, transparência e integridade

REGRA N.º 12 – *COMPORTE-SE COMO A COSTURA DO TECIDO SOCIAL*

As empresas são uma solução que a humanidade desenvolveu para atender às suas necessidades. Como tal, elas são o elemento central no sistema humanitário atual, devendo assumir essa perspectiva e suas crescentes responsabilidades. Como parte da solução do desafio existencial da humanidade, é importante que as empresas de fato apresentem mais soluções do que criem problemas.

REFERÊNCIAS BIBLIOGRÁFICAS

BOCK, L. (2019). *Um novo jeito de trabalhar*, Rio de Janeiro, Editora Sextante, 2015.

CLAUSEWITZ, C. v. *Da guerra,* Brasília, DF; São Paulo,SP, Editora Universidade de Brasília; Martins Fontes, 1979.

COLLINS, J. *Feitas para durar:* práticas bem-sucedidas de empresas visionárias, Rio de Janeiro, Editora Alta Books, 2020.

CORREA, C. *Sonho grande:* Como Jorge Paulo Lemann, Marcel Telles e Beto Sicupira revolucionaram o capitalismo brasileiro e conquistaram o mundo, Rio de Janeiro, Editora Sextante, 2013.

DAVENPORT, T.; PRUSAK, L. *Conhecimento empresarial*: como as organizações gerenciam o capital intelectual, Rio de Janeiro, Editora Campus-Elsevier, 1998.

DELL, M. *Jogue limpo, mas vença:* A jornada do fundador da Dell, Rio de Janeiro, Editora Sextante, 2022.

DOERR, J. *Avalie o que importa:* como o Google, Bono Vox e a Fundação Gates sacudiram o mundo com os OKRs, Rio de Janeiro, Editora Alta Books, 2019.

DWECK, C. S. *Mindset:* a nova psicologia do sucesso, São Paulo, Editora Objetiva, 2017.

FORD, H. *Os princípios da prosperidade*, Rio de Janeiro, Editora Brand Ltda, 1954.

FRIEDMAN, M. A Friedman doctrine: the social responsibility of business is to increase its profits. *The New York Times*, 13 de set. 1973. Disponível em https://www.nytimes.com/1970/09/13/archives/a-friedman-doctrine-the-social-responsibility-of-business-is--to.html. Acesso em 8 de abril de 2022.

GABLER, N. *Walt Disney:* o triunfo da imaginação americana, Barueri, SP, Editora Novo Século, 2016.

GROVE, A. S. *Administração de alta performance:* transformando subordinados e colaboradores em uma equipe altamente produtiva, São Paulo, Editora Futura, 1997.

GROVE, A. S. *Only the paranoid survive:* how to exploit the crisis points that challenge every company, Nova York, Crown Business, 1999.

IACOCCA, L. *Iacocca: An autobiography*, Nova York, Bantam Books, 1986.

IGER, R. *Onde os sonhos acontecem:* meus 15 anos como CEO da The Walt Disney, Rio de Janeiro, Editora Intrínseca, 2020.

ISAACON, W. *Steve Jobs: as verdadeiras lições de liderança*, São Paulo, Portfolio-Penguin, 2014.

JENSEN, M. C. & MECKLING, W. H. Theory of the Firm: Managerial Behavior, Agency Costs, and Capital Structure. *Journal of Financial Economics*, 3(4), 1976, pp. 305-360. Disponível em: https://www.sfu.ca/~wainwrig/Econ400/jensen-meckling.pdf. Acesso em 12 de julho de 2023.

KNIGHT, F. H. *Risk, Uncertainty and Profit*, Mansfield Centre, Martino Publishing, 2014.

KNIGHT, P. *A marca da vitória:* A autobiografia do criador da Nike, Rio de Janeiro, Editora Sextante, 2016.

KOTLER, P. *Administração de marketing:* a edição do novo milênio, São Paulo, Prentice Hall, 2000.

LASSWELL, H. *A linguagem da política*, Brasília, DF, Editora Universidade de Brasília, 1979.

LEVY, S. *Google: A biografia*, São Paulo, Universo dos Livros, 2012.

MASI, D. D. *O trabalho no século XXI*: Fadiga, ócio e criatividade na sociedade pós-industrial, Rio de Janeiro, Editora Sextante, 2022.

MINTZBERG, H., AHLSTRANDh, B., & LAMPEL, J. *Safári de estratégia:* um roteiro pela selva do planejamento estratégico. Porto Alegre, Bookman, 2000.

MIYAMOTO, M. *O livro dos cinco anéis*. Barueri, SP, Editora Novo Século, 2015.

MORITA, A. *Made in Japan*. São Paulo, Editora Livraria Cultura, 1995.

NIETZSCHE, F. W. *A gaia ciência*. São Paulo, Lafonte, 2020.

PASTORE, J. *Antônio Ermírio de Moraes: memórias de um diário confidencial*. São Paulo, Editora Planeta, 2013.

ROSENZWEIG, P. *The Halo Effect and the eight other business delusions that deceive managers.* Nova York, Free Press, 2007.

SCHEIN, E. H. Organizational Culture. *American Psychologist*, Fevereiro de 2019, pp. 109-119.

SEMLER, R. *Virando a própria mesa:* uma história de sucesso empresarial made in Brazil. Rio de Janeiro, Editora Rocco, 2002.

SEMLER, R. Falta grandeza ao Brasil. *Revista Exame*, Abril de 2021, p. 20.

SLOAN, A. Meus anos com a General Motors. São Paulo, Negócio Editora, 2001.

WALTON, S. *Sam Walton: made in America*. Rio de Janeiro, Editora Alta Books, 2018

ÍNDICE

A

aculturamento 199

administração 26

Akio Morita 25

Alfred Sloan 46

algoritmo operacional 135

alta gestão 136

anarquia 140

anatomia empresarial 56

Andy Grove 63

antiético 196

Apple 23

áreas-finais 181

áreas-meio 181

atuação ambiental 178

autocoordenação heterocentrada 186

autômatos 169

autonomia 140, 165

autoperpetuantes 83

autorreferência setorial 79

aversão aos sindicatos 182

B

backgrounds 146

bancos 19

benchmarking 61

bens e serviços 22

Bob Iger 54

bureaus 74

burocracia-racional 95

burocracias 73

burocracia weberiana 177

C

capitalismo de stakeholders 206

Carl von Clausewitz 126

ciclos produtivos 105

ciência
  econômica 26
  política 26
Clóvis Tramontina 126
códigos hierárquicos 75
coletividade 203
comportamentos heterônomos 112
compreensão 138
comunicação 105, 149
  ascendente 154
  descendente 155
comunismo 29
concorrência 30
concorrentes 183
conformidade maquínica 115
controle de condutas 163
cooperação 123
cooperativo 101
coordenação 105
crenças 61
crise do trabalho escravo 202
cultura organizacional 57

D

David Packard 39
decisões
  de oferta 181
  governamentais 61
democratização da informação 150
demonstrativos financeiros 119
denuncismo radical 208
descentralização coordenada 73
deseconomias de escala 93
desierarquizar 83
desigualdade econômica 206
diferenciação estrutural 156
diferencial competitivo 67
dilema do prisioneiro 106
dimensão abstrata 132
dimensão da experiência 143
dinheiro 18
direitos Humanos 204
divisão de tarefas 73
doações filantrópicas 178
doenças ocupacionais 205
dogma 44
Doutrina Friedman 179

E

ecologia da informação 157
economia 26
efeito antropomorfização 195

eficácia 111
eficiência 111
elemento de autoproteção 69
elemento de mediação 66
elites empresariais 82
empodere 165
empowerment 138
empreender 37
empresa
  de capital aberto 176
empresas 20
  como instituições sociais 206
empréstimos 19
ênfase no indivíduo 170
engajamento 155
enredo 62
entendimento situacional 150
escambo 21
estandardização 117
estratégia 70
estrutura 74
  social feudal 65
evasão fiscal 194

F

filosofia gerencial 156
fluxo de caixa 119
fog data 129
fordismo 114, 161
formalismo 91
Frank Knight 27
Friedrich Nietzsche 198
função social 207

G

ganhos de escala 93
George Merck II 48
gestão 205
  racional 127
globalização 195
governo 184
greenwashing 197
Grupo Votorantim 33
Guerra Fria 28

H

hard power 69
Henry Ford 19
hierarquias 73
Howard Schultz 58
Hubert Joly 166

I

identidade 70

ideologias 61

idolatria 45

imersão cultural 65

impessoalidade 115

impostos 184

indicadores 122

inflação 134

insights 137

instinto 144

instrumentos de moralidade 132

íntegra 174

interação 105

J

Jack Welch 52, 86

Jeff Bezos 59

Joseph Schumpeter 199

Julia Collins 53

just-in-time 183

K

Karl Marx 48

L

Laszlo Bock 66, 87

legitimidade das decisões 139

limites biofísicos 187

linguagem herética 67

linha de montagem 95

lucro 18, 20

M

mão de obra infantil 196

maquínicas 177

marketing 47

mecanismos de controle 129

mercantil 40

Michael Dell 57

Milton Friedman 27

missão 39

missionário 39

Miyamoto Musashi 109

modelo racionalista-hierárquico 84

moralmente certo 197

mudança climática 206

múltipla 174

N

Neal Gabler 99

negócio 20

Nike 18

nível hierárquico 138

O

objectives and key results 127

objetividade 124

opacidade 129

organização burocrática 76

organograma 74

P

padrões éticos 189

paralisia decisória 100

parresiasta 145

patrimonialismo 74

patrimônio

 coletivo 64

 líquido 19

pensamento pré-decisivo 137

pessoa jurídica 21

pessoalidade 115

Phil Knight 18

pinkwashing 197

planejamento fiscal 194

planos estratégicos 61

política 187

política de descontos 182

poluição 190

previsibilidade comportamental 106

princípios éticos 69

processo

 comunicativo 152

 criativo 117

 inovativo 109

processos 104

 avaliativos 116

 de aquisição 74

 mecanizados 112

Procrastinar 141

pseudoprofetismo 208

psicopatia 191

público 178

R

Ralph Larsen 200

receptor 149

rede 83

rede neural 143

redundância burocrática 81

reengenharia 107

reespecialização da força de trabalho 206

regulação da ação 64

relações dialógicas 169

relações humanas 51

responsabilidade social 29

corporativa 191

resultados coletivos 106

revoluções políticas e econômicas 205

Ricardo Semler 60

Roy Disney 30

S

saldo de caixa 19

Sam Walton 25

senso

de dono 162

de propriedade 90

ser humano integral 56

shareholder 28

sistemas de gestão 61

sistema teleológico 83

soft power 42

Sony 25

start-up 103

Steve Jobs 23

stockholder 28

supply chain management 183

supraindividualidade 186

supremacia do lucro 30

sustentabilidade 193

T

táticas manipuladoras 192

taxa de retorno 30

tecnocracia 172

tecnocrata 161

teoria

do acionista 28

do agente principal 29

tomada de decisões 63

trabalhadores do conhecimento 158

transparência 129, 201

informacional 148

U

utopia 207

V

valores 59

vantagem competitiva 107

viés 146

visão hobbesiana 167

W

Walmart 25

work-out 86

Este livro foi impresso nas oficinas gráficas da Editora Vozes Ltda.,
Rua Frei Luís, 100 – Petrópolis, RJ.